自民党と韓国

シンシアリー

SincereLEE

JN196738

はじめに

自分は韓国で生まれ、歯科医師として生きていましたが、日本で作家・ブロガーとして生きる道を選んだ「変わった」人間です。はじめて日韓関係の本を書いた時、30代と紹介しましたが、もう50代になりました。早いものですね。３年前に帰化し、いまは一人の日本人として、日本のよさを学んでいるところです。韓国基準でいうと、現代の親日派です。

さて、早速ですが、いつのまにか異論禁止になったパワー（ハラ）ワード「日韓関係改善」。この言葉が、自民党・岸田《きしだ》政権下でまるで流行語のように巷間にのぼり始めてから、３年以上が経ちます。ですが、何がどのように「善」になったのか、詳しくはよくわかりません。半導体素材に関する輸出手続きも、韓国を優遇国家（ホワイトリスト国家）に戻しましたし、海上自衛隊の哨戒《しょうかい》機《き》に火器管制レーダーを照射した問題も、ただ「蓋をする」形で、もう誰も口にしなくなりました。こうした状況を改善といっていいのかどうかわかりませんが、韓国人観光客が大勢訪日するようになったとか、文化交流があるとか、そんな「詳しく形にしづらい」論拠のもと、日韓関係が改善できたという話に反論することがすなわち「悪いこと」である、そんな雰囲気になってしまいました。日韓関係について、韓国の大統領が彼らなりに苦労しているのはわかりますが、それは日本のためにやっているわけではありません。結局は自国の利益になると思っているからやっているだけ。しかも、根本的な領域では何一つ変化が感じられません。それでも、「日韓関係は改善した」ということにしないと、議論に参加しづらくなりました。言い換えれば、次の日本の政権が現在の路線を変更するのであれば、それは「改悪」とされるでしょう。なぜなら、いまが「改善」だから。私はこれでいいのだろうかと、いつも思っています。この本を手に取ってくださった皆さんは、どう思われますか。

たとえば、日米韓安保協力を強化したと言いながらも、「たとえ有事の際にも、自衛隊は朝鮮半島に進入してはならない」というのが韓国政府の公式な立場であり、「台湾の有事の際でも、在韓米軍を動かしてはならない」という主張が根強く、軍事演習なども対・北朝鮮限定（対中国ではなく）であったりします。日本とよい関係を築くとしながら、2024年にもなって地上波で日本の国歌を流すと放送局が懲戒を受ける、そんな関係。これは「改善」でしょうか。
それでも、いまの方がいいという人がおられるなら、それもその人の意見として尊重します。しかし、だからといって「私は、違うと思っている」ことを曲げるつもりなど、毛頭もありません。本書は、別の意見を認めないためでもなく、別の意見を間違っていると言うためでもなく、ただ「私は、こう思っている」を貫くための本です。私は、自分なりに岸田政権を評価している（詳しくは、評価しているというより、必要以上に全方位から叩かれた側面があると思っている）一人です。とはいえ、この日韓関係関連だけは、本当にこれだけは言いたいことが多く、皆さんと扶桑社の方々の力を借りて、こうして一冊の本にすることができました。ぜひ、最後のページまでご一緒できればと願います。

2024年11月

シンシアリー

目次

はじめに……3

第一章　総裁選から石破政権

●日本の政治指導者はすべて「極右」……12
●「自民党＝悪」を決定づけた「安倍談話」……12
●岸田・ユン政権での「日韓関係改善」……17
●自民党総裁選候補の韓国評……20
●「小泉進次郎＝極右の息子」、「高市早苗＝リトル・アベ」……23
●石破政権への期待と落胆……25
●若者の間で韓国語が流行っている「らしい」……30
●「両国関係は根本的に変わった」のか……33
●「関係改善」できた「ことにする」だけ……34
●岸田政権の「甘さ」を克服できるのか……38

●岸田政権の功罪……42

第二章　「日韓関係改善」の正体
●石破政権に韓国が望むもの……46
●自民党大敗によって溢れ出した「水コップの半分」論……50
●２０２５年こそ「新しい謝罪」を……53
●「日本は強く押せば受け入れる国」……55
●「岸田・ユン」の築いた関係改善の「裏」……59

第三章　「反日」は何も変わっていない
●２０２４年８月の騒動……64
●日本だけをイベントから排除……66
●関係改善の裏で何も変わらない国民意識……71
●論ずることさえできない「植民地近代化論」……74
●北朝鮮がさほど「親中」でない理由……76

●子どもが日本人を撃つ祭り……79
●600人の女子小学生が身投げする「殉国体験」……82
●日本人相手ならば何をしてもいい……88
●「君が代」を流せば懲罰……91
●ユン大統領の仮面……97
●若い世代ほど「反日」という現実……103
●日本は「ミンペ＝迷惑をかける」国である……106
●「反日」＝「愛国」……112
●自衛隊は韓国には立ち入り禁止……115

第四章　弱気すぎる日本

●なぜ韓国をホワイトリストに復帰させたのか……120
●日本とは正反対な米国の対応……122
●「経済」と「安保」の駆け引き……126
●米国と中国の間で揺れる韓国……130
●台湾に見る本当の「関係改善」……134

第五章　韓国社会を覆う社会不安

●希望なくして「日韓関係改善」なし……140
●劣等感の表出としての反日思想……143
●急増する低所得自営業者という闇……145
●中国と韓国のふたつの「１００万」……150
●「最低賃金引き上げ」が生む「１人社長様」……155
●やめるにやめられない「幽霊」たち……158
●責任感なき賃金未払い……161
●データよりも実態ははるかに悲惨だ……167
●「失業率１・９％」のカラクリ……171
●圧倒的に短い青年の勤続期間……174
●企業が１年以上雇わない……176
●高齢化社会対策＝「高齢者働き口」……180
●補助金で働く高齢者へ不満が爆発……182

第六章　崩壊する韓国

●母親や姉妹をポルノ動画に……188
●男女嫌悪と名誉欲……195
●家族の価値観の崩壊……199
●「首都」の意味がわからない若者たち……202
●国語が通じない……206
●歴史を教えられない教育現場……209
●現実から「目をそらす」だけ……213
●国語力低下の要因は「反日」……216

おわりに……221

第一章　総裁選から石破《いしば》政権

●日本の政治指導者はすべて「極右」

本書のタイトルである『自民党と韓国』。読者の皆さんは、どういった関係性をイメージしているでしょうか。保守本流と言われた安倍《あべ》政権と反日路線をひた走った文在寅《ムンジェイン》政権下における緊張した関係でしょうか。逆に、旧統一教会問題が取り沙汰されて以降、水面下での癒着を疑っている人もいるかもしれません。

私はいまは帰化して日本人ですが、韓国出身の作家・ブロガーとして韓国メディアの動向をつねに追っています。ですから、日本のメディアの情報だけでは伝わらない韓国の社会的背景や雰囲気を踏まえた上で見えてくる関係性について、皆さんにお伝えしようと思います。

まず第一に皆さんに知ってもらいたいのは、韓国では日本の政治指導者を「とりあえず極右」とみなすことです。民主党政権だった頃、当時の野田《のだ》首相も「極右」と言われていました。鳩山《はとやま》元首相のように極端に「ひざまずけばいい」と思っている人でもない限り、韓国側が満足することはなく、左右関係なく「極右」とされます。

　この点において、基本的に韓国への「謝罪」に反する雰囲気を作り上げた自民党は、特に嫌われています。第二次安倍政権あたりから、この流れはますます強くなりました。安倍元首相は、戦後70周年談話で「次の世代に謝罪する宿命を残してはならない」という趣旨を話しましたが、この頃から、韓国の「新しい謝罪」への渇望が一段と強くなりました。基本的に、韓国は「日本の謝罪と賠償の責任が永遠に続く」ことを目指しているので、韓国側は「安倍談話」を大きな問題としました。韓国にとって、「真の反日」の目指すところは「韓国が日本を否定する」ことではありません。「日本人が日本を否定する」ことです。そのためにも、罪の意識を植え付けるのはとても大事なプロセスなのです。

●「自民党＝悪」を決定づけた「安倍談話」

　安倍談話を詳しく見てみましょう。

「日本では、戦後生まれの世代が、今や人口の八割を超えています。あの戦争には何ら関わりのない、私たちの子や孫、そしてその先の世代の子どもたちに、謝罪を続ける宿命を背負わせてはなりません。しかし、それでもなお、私たち日本人は、世代を超えて、過去の歴史に真正面から向き合わなければなりません。謙虚な気持ちで、過去を受け継ぎ、未来へと引き渡す責任があります」（首相官邸ホームページ『平成27年8月14日 内閣総理大臣談話』より）。

改めて読んでみると、それまでの歴史認識から根本的に大きな路線変更を示すような内容ではありません。謝罪の宿命は終わらせるべきだけど、別に歴史認識そのものは変えないとしているからです。ただ、韓国内では「戦後世代に謝罪の宿命を背負わせてはならない」という部分が、とても大きな騒ぎになりました。

そもそも日本に謝罪を要求している国は、中国と韓国（および北朝鮮）以外にありませんし、実際、この談話が発表されてから、上記以外の国がこの部分を問題視したとは聞いていません。菅義偉《すがよしひで》元首相も、個人的に胸が痛むといった話はありましたが、韓国に対して「新しい」謝罪表明はしていません。

永続的な謝罪を要求する韓国にとって、その連鎖を断ち切るようなニュアンスの言葉を残した安倍談話。韓国で「アベ」という言葉が、ものすごく悪い意味で使われるようになったのは、このためです。

２０２０年、当時の安倍首相は『産経新聞』のインタビュー記事で、再びこのことを繰り返しました。一方、韓国はと言えば、２０１８年までは文《ムン》政権が主導する「朝鮮半島平和ムード」の下、米国と北朝鮮を仲介するという意味で「仲介者論」「運転者論（米国と北朝鮮を車に乗せ、韓国が運転する）」などの話が盛り上がっていました。しかし、米朝首脳会談が２０１８年に破綻し、それから朝鮮半島平和ムードとやらは急速に力を失い、２０１９年から２０２０年まで韓国政府はいわゆる「現金化」を強調するようになりました。象徴的なのが「徴用工《ちょうようこう》問題」で、朝鮮半島出身労働者が「強制徴用」されたとする韓国は、三菱重工、日本製鉄など日本企業の資産を差し押さえ、それを現金化すると「脅し」をかけました。その動きが、急速に強くなる時期に『韓国経済』に掲載された記事を紹介します。これでも戦後70周年談話、つまり「戦後世代に謝罪の宿命を背負わせない」発言関連の韓国メディアの論調としては、比較的おとなしい文章です。ちなみに、記事では「植民地」となっていますが、これは記事の原文ママの表現です。

〈……安倍晋三前総理が、日本軍の慰安婦強制動員の事実を間接的に否定し、植民地支配に対する謝罪をもう続ける必要がないと発言するなど、再び保守・右翼の価値観を濾過せずに露出した。安倍晋三前総理は13日、極右性向の産経新聞とのインタビューで「私たちの子、孫、その次の世代の子供たちに植民地支配の謝罪を続ける宿命を与えてはならない」とし、「戦後日本」に終止符を打ったのが安倍内閣の著しい成果だと述べた。安倍前総理は、1993年に日本軍の慰安婦強制動員の事実を最初に認めた河野談話を検証し、「多くの人々が歴史的真実により近づくことにより、この問題に終止符を打った」と主張した。安倍内閣は、2014年河野談話を検証し、「基本的に継承する」としながらも、「狭義の意味として強制について言うなら、それを裏付ける証言はなかった」と話した。あいまいな表現で慰安婦の強制動員の事実を事実上否定したと批判された……

……安倍前総理は「戦後70周年を迎え発表した安倍談話を通じて、戦後日本のあり方（度重なる謝罪）に終止符を打った」とも自評した。日本がいつまでも謝罪外交を繰り返す敗戦国のままであってはならないと言うのだ。安倍談話は2015年8月14日、安倍総理が「子孫に謝罪の宿命を背負わせてはならない」と宣言したことをいう。安倍前総理は「日本の植民地支配と侵略について痛切に反省し、心からの謝罪する」と明らかにした1995年の村山談話についても、「日本だけが注目している」とし、逆に植民地支配の正当性を主張した。彼は「第二次世界大戦は、世界的に行われたことであり、地球上の全体を広く見る必要がある」とし、「当時の長い歴史の流れを見ると、日本は１００年にわたる時間の一つの軸をとった」と述べた。日本が日露戦争で勝利することで、欧州列強の抑圧を受けたアジア、アフリカ人たちに希望を与えたとも主張した。日本が朝鮮などアジアを侵略して植民地支配したのは、西洋列強に対抗するための仕方ない選択だったという主張は、日本の右翼勢力の典型的な歴史観である（『韓国経済』２０２０年10月13日「安倍、また極右の本性……『植民地謝罪をもう終わらせよう』」より）……〉

この記事の論調が、韓国での「自民党」のイメージである。そう思ってもらって差し支えありません。

●岸田・ユン政権での「日韓関係改善」

ただ、この緊張した関係に転機が訪れます（正確には「転機が訪れたということになっている」だけですが）。それが、２０２１年に発足した岸田文雄政権と２０２２年に発足した尹錫悦《ユンソンニョル》政権の間での外交です。対話をベースとする岸田前首相と、ムン政権への反発として親日寄りの政策を取るユン大統領の間で、2023年には12年ぶりに日韓両国の首脳による相互往来「シャトル外交」が再開され、対面での首脳会談は12回をも数えます。直近の2024年9月にも岸田前首相が訪韓し、首脳会談に臨みました。この両政権の下、「日韓関係改善」という言葉が両国のメディアで頻繁に取り上げられるようになり、いまや異論を許さない空気を形成しています。

ひとつの例として、岸田前首相の訪韓時の『朝日新聞』の社説を紹介しましょう。本書では〈～〉が引用部分で、どの記事も部分引用で全訳はしません。また、有料記事など会員にしか公開されていない記事は引用しません。引用部分の（）は元記事に書いてある通りのもので、私が注釈のつもりで書いた場合は（※～）という表記になっています。……は「略」の意味です。また、特記がない場合は、年度はすべて2024年です。

〈日韓関係は、岸田首相と尹錫悦（ユン・ソンニョル）大統領の間で大きく改善した。これを首脳同士の個人的な関係に終わらせてはならない。改善の歩みを揺るぎないものに定着、深化させる努力が両国に求められる。岸田首相が先週、ソウルを訪問し、尹大統領と会談した。日韓の協力と交流の持続的強化を確認。第三国に滞在する日韓両国民の保護のための相互協力の覚書も結んだ。歴史問題などで戦後最悪とも呼ばれるまでに悪化した日韓関係は、一昨年に大統領に就任した尹氏が対日重視を鮮明にし、改善に向け大きく動き出した。岸田首相もそれに呼応し、両氏の対面での首脳会談は計12回に及ぶ。北朝鮮の核・ミサイル開発や中国の軍拡に直面するアジアの安保環境、ロシアのウクライナ侵攻で揺れる国際秩序を踏まえれば、民主主義の価値観を共有する日韓が結束する重要性は論をまたない。両国ともに自由貿易の恩恵を享受してきた。半導体関連の供給網などを通じ、経済面でも深く結びつく。少子高齢化や地方の活力低下など共通課題も少なくない。協力の推進こそが双方の利益になることを改めて認識したい。……日本の植民地支配にもかかわる歴史問題では、日本側の真摯《しんし》で誠意ある対応が欠かせない。尹氏も対日関係の重要さについて国民への丁寧な説明を尽くしてほしい。来年は日韓国交正常化から60年という節目の年を迎える。日韓関係の長期的なビジョンを打ち出すための議論もこれから本格化する。改善の流れが後戻りしないよう、首脳が交代しても往来を絶やしてはならない。緊密な首脳外交により、双方の国民が関係改善の利益を実感できる合意や発信を積み重ねていく取り組みが必要だ。（『朝日新聞』9月10日「（社説）日韓の首脳外交　改善の歩みを止めるな」より）……〉

この記事のタイトルにもあるように、岸田・ユン両政権下で日韓関係は「改善」されたことは自明であり、異論の余地のない前提のように扱われています。しかし、本当にそうでしょうか。「改善されたこと」になっているだけ、というのが私の個人的な見方です。本質的な問題は解決していないのに、蓋《ふた》をして、改善されたことにするのは、問題の解決を遠ざけることにもなりかねません。

安倍談話によって冷え切った日韓関係が、岸田・ユン両政権において改善された。さあ、来年は国交正常化60周年だ。そういったわかりやすいストーリーではない、いまの日韓関係の本当の姿を皆さんに知ってほしい。それが、本書の執筆に取り掛かったもっとも大きな理由でもあります。

●自民党総裁選候補の韓国評

日韓関係の実態を検証する上で、まず2024年9月の総裁選について、当時の韓国がどういう目で日本を見ていたのか、少し述べてみたいと思います。もう懐かしい気もしますが、裏金問題などもあり、同じ政党なのに候補たちの路線が人それぞれ異なっていて（とてもいいことだと思います）、韓国でも話題になっていました。私の周りでは、衆議院選挙よりも総裁選の方が盛り上がっていたほどです。

当時、韓国でもっともよく出てきた言葉が「靖国《やすくに》神社」でした。候補者の判断基準に靖国神社の話が出過ぎで、９月28日、『プレシアン』というメディアは記事に「靖国参拝しない石破、総裁選に当選」というタイトルをつけたりしました。ケーブルテレビ局で有名な『ニューストマト』は、各メディアがあまりにも靖国神社、靖国神社と騒ぐものだから、「靖国に行かないとそれでいいのか」というタイトルの記事を載せたりもしました（10月２日）。こうしたニュースのタイトルだけからも、韓国の雰囲気は伝わるかと思います。

こうした雰囲気は、各候補たちについて韓国のメディアが何を強調していたのかを見てもわかります。複数の関連記事から共通する内容をまとめてみると、まず、結果的に総理大臣になった石破茂《いしばしげる》候補（以下、当時総裁選関連では呼称を「候補」に統一したいと思います）が、もっとも注目されました。日本側のメディアが「石破茂候補が世論調査で一番人気だ」と報じているという記事が目立ち、「『ポスト岸田』候補とされる人たちの中では、もっとも親韓」、特に「慰安婦問題について、韓国が納得するまで日本は何度も謝罪する必要がある」と話したことを、大きく取り上げていました。また、当時石破茂候補のライバルとされた高市早苗《たかいちさなえ》候補、小泉進次郎《こいずみしんじろう》候補とは異なり、靖国神社に参拝したことがない、なども大きく取り上げられました。実際、石破茂首相は2017年5月23日の『東亜日報』のインタビュー記事中で、「日本は韓国が納得するまで何度でも謝罪すべきだ」と話したとされています。

ただ、これについては、韓国のネット記事でよく見られる「そんなこと言ってない現象」の可能性もあり、真実は石破首相本人にしかわかりません。この記事が掲載された翌日、5月24日の『産経新聞』によると、石破茂氏は「謝罪という言葉は使ったことがない」と主張しています。実際にその記事を引用しましょう。

〈……韓国紙の東亜日報（電子版）は23日、自民党の石破茂前地方創生担当相が慰安婦問題をめぐる平成27年の日韓合意に関し「（韓国で）納得を得るまで（日本は）謝罪するしかない」と述べたとするインタビュー記事を掲載した。記事は、石破氏が日韓合意に反する発言をしたと受け取られかねないが、石破氏は24日、産経新聞の取材に「『謝罪』という言葉は一切使っていない。『お互いが納得するまで努力を続けるべきだ』と話した」と述べ、記事の内容を否定した。ただ、抗議はしない意向という（『産経新聞』２０１７年5月24日「韓国紙、自民・石破茂氏が『納得得るまで日本は謝罪を』と述べたと報道　本人は『謝罪』否定」より）……〉。

●「小泉進次郎＝極右の息子」、「高市早苗＝リトル・アベ」

河野太郎《こうのたろう》候補については、慰安婦問題への謝罪の意を込めた「河野談話」の河野洋平の息子だという話を強調するメディアが多かったですが、有名な「極めて無礼でございます」も話題でした。

２０１９年7月19日、河野太郎候補が外務大臣だった時のことです。朝鮮半島出身労働者問題、いわゆる徴用工問題において、日本側は日韓請求権協定に基づく「仲裁委員会の設置」をしようとしましたが、韓国政府が応じませんでした。そこで、ナム・グァンピョ（当時）駐日韓国大使を外務省に呼んで抗議しましたが、その場でナム大使が、何度も「解決策にならない」とされた「財団案（財団が代わりに支払って解決する案）」を主張すると、河野外相が「極めて無礼だ」と強く非難したことがありました。いま振り返るともう5年前ですが、多少変更があったとはいえ、結局は財団による代位弁済案でこの件が解決扱いされているのは、実に残念です。「韓国政府による韓国人への支払い」という、いままでの路線の一部が崩れたからです。もともと日韓請求権協定というのは、補償なのか賠償なのかなど、いろいろ議論はありますが、もっとも重要なのは「以降、日本と韓国それぞれの国内問題である」という側面でした。協定をちゃんと読んでみると、（どうであれ）「相手の国に請求できない」となっています。すなわち、韓国内の問題は、韓国政府が解決すべきだったのです。この日本の戦後処理にヒビが入ったのは、あまりにもひどい結果です。

小泉進次郎候補と小林鷹之《こばやしたかゆき》候補については、「若い政治家」である点を強調していました。ただ、小泉候補については、韓国では第二次安倍政権が始まるまでは「極右のラスボス」扱いされていた小泉純一郎元首相の息子ということに加え、靖国神社に参拝していることなどもあって、かなり警戒されていました。この点については、さらに警戒を強めていたのが高市早苗候補で、「靖国神社に参拝」「女アベ」「リトル・アベ」など、「高市早苗は最悪だ」と評するメディアもありました。

●石破政権への期待と落胆

結局、この総裁選では石破茂候補が選出され、総理大臣になったわけですが……ここから、少し各メディアの論調が変わってきました。過去の総裁選で竹島《たけしま》問題を強調したこと、自衛隊の憲法明記にこだわっていたこと、アジア版NATOや日米同盟のアップグレードを主張していることなどで、「マシではあるが、思ったほど『改善』にはつながらないのではないか」という論調が増え始めました。ちなみに、アジア版NATOというものがもしできるのなら、中国との関係を気にしている韓国としては、絶対に参加したくないでしょう。もし、米国側から「アジア版NATOに韓国はなぜ参加しないのか?」と言われれば、さらに困ることになります。いまのところ実現性は高くなく、韓国としては一安心といったところでしょうか。ちなみに、石破首相の就任記者会見で該当部分（「韓国」という字が出てくる部分）は、このようになっています。

〈……（岸田政権は首脳外交を通じてアメリカや韓国などとの二国間関係を強化したが、石破首相は首脳外交の在り方をどう考えているのか、という質問に対して）「二国間関係というのは、それは合衆国とは極めて二国間関係は大事であります。それは韓国ともそうでしょう。オーストラリアともそうでしょう。ＡＳＥＡＮ（東南アジア諸国連合）諸国ともそうでしょう。だけれども、お話を聞いていると、やはり合衆国とは大事だねということだと思っております。私は合衆国もそうですし、韓国も大事だというふうに思っておりますが、首脳外交をやります時に、この会談は何のためのものなのかということが明確でなければならないと思っております。信頼関係を高め友好を深めるというのも大事なことですが、何のためにこの会談をやるのかということがあらかじめ設定をされていて、それぞれ国が違えば国益も違うのでありまして、それぞれが国益を踏まえてどのように真剣な議論を行い、いかなる成果を得るか。私は防衛の仕事が長いのですが、いろいろな国の防衛大臣あるいは総理大臣、大統領とも話をしてまいりました。やはり何のためにその会談を行うのかということが極めて重要だと思っております」（首相官邸ホームページ　２０２４年10月1日掲載「石破内閣総理大臣記者会見」より）……〉

この発言は、韓国側が期待していた石破首相の姿とはちょっと違うものだったようです。『韓国日報』（10月1日）、『東亜日報』（10月2日）、『京郷新聞』（10月2日）などが、先ほどの石破首相の発言を取り上げましたが、あくまでいくつかの国を同時に話した内容です。個人的には「そもそも韓国という内容そのものがほとんど入ってないし、総裁選（そのあとの衆議院選挙でも）で日韓関係はほとんど話題にもなっていなかった」とみています。

そうした中で、韓国の各記事が注目しているのは、「韓国との首脳会談は必要だ。ただ、ちゃんとした目的があってこその会談である必要がある」という点と「韓国との関係は重要だが、国が異なれば国益も異なる」という点で、オリジナルの発言とはニュアンスの異なる書き方になっていたりします。

〈……石破茂日本新任首相が、1日就任記者会見で、米国、韓国との関係などについて「国が異なると国益も異なる」と言及し、今後の外交基調が注目される……自民党内は「ハト派」に分類されるが、首脳外交では個人の所信よりは「国益」に焦点を合わせるという意志表明だと解釈されている。彼は岸田文雄前首相に続き、日本人拉致被害者問題解決の意志も明らかにした。石破首相は当日の夜遅くに首相官邸で開かれた、就任してから初の記者会見で、「岸田政権が首脳外交を通じて米国、韓国など両国関係を強化してきたが、石破首相はどのように首脳外交を行っていくのか」という質問に、「米国と両国関係は重要で韓国ともそうだ」としながら、このように答えた。彼は「首脳外交をする時は、会談が何のためのものか明確にしなければならない」とし、「信頼関係を高めて友好を深めることも重要だが、何のために会談をするか、事前に設定しなければならなかった。続いて「国が違うと国益も違う」とし、「それぞれが国益をもとにどれほど真剣に議論してどんな成果を得るか（が重要だ）」と付け加えた……石破首相は「私たち内閣のもっとも重要な課題」として、日本人拉致被害者問題を取り上げた。彼は先月、自民党総裁選挙過程でも問題解決策として平壌《ピョンヤン》と東京に相互連絡事務所を開設するという公約を提示した……石破首相は、持論である日米地位協定改正について米国内で警戒感が出ているという質問には、「日米同盟に懸念が生じるとはまったく考えない」とし、「（むしろ）同盟強化につながるだろう」と話した。それと共に彼は「短い時期に変わるとは思わないが、だからといって諦めるのがよいとは思わない」と協定改正を継続して推進するという意思を表わした（『京郷新聞』）……〉

〈……石破茂新任日本首相は1日、韓国との関係について、「両国関係は極めて重要だ」と話した。それでも「国が異なると国益も異なる」とし、韓国に主張することを曲げないという意も明らかにした。石破首相はこの日の就任後記者会見で「米国との両国関係は極めて重要だ。韓国ともそうだ」としながらも「首脳外交をするとき、何のために会談をするのかを明確にしなければならないと思う」と話した。石破首相は「信頼関係を高め、友好を高めることも重要だが、各自が国益をもとにどのように真剣な議論をして成果を得るかが重要だ」と話した。韓国との友好関係は続くが、主要懸案に対して徹底的に自国利益を優先視する態度を明らかにした（『東亜日報』）……〉

〈……石破茂新任日本首相が1日、両国間首脳外交と関連して「韓国との首脳外交は重要だ」と明らかにした。ただ、韓国と米国を含めて、首脳間の友好や信頼を固めるだけの目的では会わないという意を表した。自身の公約である日米地位協定改正をめぐる批判に対しては、「日米同盟に混乱を与えるおそれがあるが、むしろ同盟強化のために必要だ」と反論した。この日に公式就任した石破首相は東京首相官邸で就任初の記者会見を持ってこのような構想を公開した。「両者間首脳外交をどのように広げるか」という質問に、彼はまず「韓国と米国、オーストラリア、アセアン（ASEAN・東南アジア国家連合）との首脳外交は重要だ」と答えた。それとともに「（首脳間の）信頼と友好も重要だが、何のために首脳会談をするかが非常に重要だ」とし「会談目的がなければならない」と付け加えた（『韓国日報』）……〉

その後、10月に石破首相は靖国神社に供物を捧げました。その時もまた、韓国メディアは「なんか、考えていたのと違う」という反応を示しました。それ以降、韓国メディアの全般的なスタンスは、相応の期待感を示しながらも、「岸田政権と比べて進展も後退もないのでは？」という意見が目立ちます。政権交代にならないかぎり、そこまで劇的に変わることはないだろう、という見方です。韓国側が日本の首相に何を望んでいたのか、よくわかる流れではないでしょうか。

●若者の間で韓国語が流行っている「らしい」

こうして誕生した石破新政権に対する韓国の反応として、まず最初に、あるインタビュー記事を紹介したいと思います。部分引用ではありますが、これから書いていこうとしている内容の要約版のような記事です。一体、誰のインタビューなのかと言いますと、7月に任期を終えた（前）駐日韓国大使ユン・ドクミン氏が、『中央日報』のインタビューで日韓関係について話したものです（２０２４年10月22日）。韓国語記事は漢字を使わなくなって久しいですが、日本メディアの表記では「尹徳敏」氏だそうです。記事本文でも触れていますが、彼はいまのユン政権になってから、日韓関係の牽引役だったと言われています。前のムン政権の時には、トラブルが目立つことが多かった日韓関係ですが、ユン政権になってから「関係改善」という言葉が流行るようになり、その先頭に立っていた人物とのことです。では早速、韓国メディアの記事を引用してみます。

〈……ユン政権になってから2年間、駐日韓国大使を努め、その変化を陣頭指揮したユン・ドクミン大使に会い、話を聞いた。彼は日本の若い世代の変化から言い出した。「最近日本の若い層では、対話の途中で『チェゴ（最高）』とか『デーバック（大当たり）』という韓国語を入れるのが流行です。そうするとフォームが出る（※かっこいい、格好が付くなどの意味）、そう思っていると聞きます。俗語ではありますが、『ゾラ（※「とても」

という意味ですが、普通に会話するなら使ってはならない言葉です）』という言葉もそのまま使います。本当に、すごい変化です」。もちろん、日韓関係の特殊性を考慮する際、油断はできない。特に国交正常化60周年を迎える来年が機会であり、山場でもある。27日に行われる総選挙で自民党・公明党連立政権が過半数を得られなければ、石破政権が早期消滅する可能性もある……

（※記者の「来年が国交正常化60周年だ。何を成し遂げてほしいのか」という質問に対して）金大中・小渕宣言のバージョン２・０のような宣言が、象徴的に出てほしい。しかし、何より日韓関係を制度化して、後退しないようにすることが必要だ。60周年を迎え、現行G７に韓国・オーストラリアが入るG９体制を作っていく過程において、日本が韓国に積極的に協力することが望ましい。日本の立場でも、韓国の外交政策が政権が変わるたびに大きく揺れず、G９標準の方向性が設定されるのが役に立つだろう。……

（※西側のアジアリーダーを自任する日本が、賛成するだろうか」という質問に対して）もちろん、まだ思わしくない流れがあるにはある。だが最近になって、谷内正太郎元国家安全保障局長があるシンポジウム基調演説で「韓国のG７加入を日本が支援しなければならない」という話をしたし、そこに参加した岸田政権の核心人物まで同じ主張をしたと報告を聞いて、驚いた。日本内の全体的な流れは肯定的な方に向かっていると思う。……（※経済分野についての質問に対して）日韓自由貿易協定（ＦＴＡ）を結ばなければならない。多国間協定であるＣＰＴＰＰ（環太平洋経済同伴者協定）に加入すれば同じ効果があるという話も聞くが、ＦＴＡでより包括的な経済協定を結ぶべきである。その中に先端技術分野の経済安全保障関連条項も入れ、水素や原子力分野の協力体制を構築しなければならない（『中央日報』10月22日「日本の若い人たちはチェゴ、デバックなど韓国語を使うのがもっともホットな流行」より）……〉

●「両国関係は根本的に変わった」のか

引用部分は、私が個人的に気になる部分を取り上げただけです。読者の方々も少なからず違和感を覚えたことでしょうけれど、実は引用していない部分には、ある程度は納得できる内容もあります。たとえば、いわゆるＬＩＮＥ問題において「セキュリティー問題や経済安保という側面に、日本と韓国の理解が異なる（事の本質はセキュリティー問題なのに、韓国では日本が『強奪しようとしている』という認識しかない）」という趣旨を語ったりしています。また、日本と何かあればすぐに「誰かに外交的な責任を問おうとする流れ」が出てくるのに、北朝鮮やロシアなどについてはそんなことがないのはどういうことなのか、という指摘も韓国側のインタビュー記事内容としては珍しくありました。そうした側面まで、すべてを全否定しているわけではありませんが、引用部分については、個人的に「ああ、やはりこういう話しかできないのか」と落胆せざるを得ませんでした。

●「関係改善」できた「ことにする」だけ

「やはり」とはどういうことなのかと言うと、いま（2024年11月）時点で韓国側が日本に要求しているすべてが、ここに要約されているからです。それは、「関係改善できた」ではなく、「関係改善できたことにする」ことで、相応の代価を日本から受け取ろうとすることです。大使の話やこの記事だけでなく、日韓両国の多くのメディア、専門家が、「両国関係は根本的に変わった」としていますが、具体的にどういった実績があるのかは、具体的には何も出てきません。日米韓で軍事演習が増えた、韓国人観光客が再び日本に来るようになった、そんな話だけです。何か具体的にどういったことが改善されて、「日本にとって、どこがどうよくなったのか」については何も根拠が出てきません。

この大使の話も、「関係が大きく変わった」の論拠が、若い層で韓国語が流行しているという話だけで、しかも自分で確認したのではなく、「そう聞いた」としています。部下など、他の人からそうした報告を受けて、そのまま信じているだけかもしれません。つい数か月前まで駐日韓国大使だった人、「関係改善以外認めない雰囲気」を作り上げたユン政権で日韓関係の重役として働いてきたという人も、具体的な成果がないので、チェゴとかゾラとかを言い出すしかなかった。それ以外は、すべて「〜〜をやらなければならない」という話だけです。

日韓でFTAをやるべきだという話（本書でも後で詳述しますが、日中韓FTAと言わなかっただけまだマシです）とか、いずれ石破首相とユン大統領が一緒に米国を訪問し、キャンプ・デービッド首脳会議の時のように再び三か国首脳会談をやるのはどうだろうかとか、そんな「できたらいいな」「やるべき」な内容ばかりで、これといって「根本的に関係が変わった（よくなった）」という話は出てきません。そして、真っ先に出てくるのが「いま、日本の若い世代の間では、韓国語を使うのがもっともホットな流行だ」、「韓国語を使うことを、かっこいいと思っている（と聞く）」という話で、「これは（ユン政権になるまでは）考えられなかったことだ」としていますが……何度も書いていますが、個人的には、違和感しかありません。

たしかに、ドラマなど韓国のコンテンツに興味がある人たちの間では、そんなこともあるでしょう。そんな流行はない、などと言うつもりはありません。海外のアニメ好きの人たちが「SUMIMASEN」などの日本語を使うという話は何度も聞いたことがありますし、似たような現象だとも言えます。しかし、そこまで流行っているのか、そして、「そういうのが好きな人たち」が現政権に限られるものなのか、などは気になります。

日本に来て約7年、帰化してから2年が経ちますが、私の日本生活は、何も変わっていません。出かけて、歩いて、他の街に行ってみて、写真撮って、感じて帰ってきます。ブログ更新などがあるので長い間は留守にできませんが、バスツアーなどを利用して、できる限り日本各地を見るためにお金と時間を使っています。1人でふらっと出かけて、帰って来る際の時間帯は、できるかぎり通勤・通学時間帯を避けていますが、それでも電車や旅行先のカフェで学校の制服姿の人たちの会話がよく耳に入ってきます。そんな時、韓国語またはそれに準ずる何かの会話なら、私が聞き逃すことはまずないでしょう。韓国の大使や大手メディアがもっともホットな流行だというほどのものなら、何度かは私も聞いているはずです。しかし、聞こえてくる韓国語は、ほとんどが韓国人の観光客と思われる人たちの会話でした（なぜなら、会話のすべてが韓国語だったからです）。

これは完全に私見ですが、日本の若者が韓国語を「かっこいいと思って使っている」というのはどうかな、と思います。原文では「ポンナダ（폼나다、フォームが出る）」となっています。これは、単にかっこいい、似合っているという意味もありますが、ある程度格式がある、品があるという意味にもなります。たとえば、フォーマルな服装を揃えたときなどに、友人から「おっ、フォーム出るね」と言われたりします。ポンナダより、最近は「チャンダ（イケてる）」のほうが一般的な気もします。では、若い人たちがドラマを見たり映画を見たりして、片言の外国語を使う場合、その言葉をかっこいいとか品があるといった意図で使う人はどれくらいいるのでしょう。こうした形で片言の外国語を使うもっとも大きな理由は、「単に趣味が合う人同士で面白がっている」だけだと思います。

●岸田政権の「甘さ」を克服できるのか

それはともかくとして、「よくわからない論拠による関係改善（ただし、異論は許さない）」と、さらにそこを論拠にした「日韓は～しなければならない」のオンパレード。これこそが、いま日韓関係で「関係改善」と呼ばれている現象の要約版ではないだろうかと、私は思っています。記事を初めて読んだ時には「大使ともあろう方が、こんなことしか言えないのか」と思いましたが、いま振り返ってみると、大使だからこそこれ以上は言えることがないと、自分自身、わかっていたのかもしれません。

２０２４年9月27日、自民党総裁選で石破茂さんが高市早苗さんに逆転勝利し、10月1日に総理大臣に就任しました。その後に行われた10月27日の衆議院選挙で、自民は大敗。15年ぶりに与党（公明党含めて）が過半数割れという結果になりました。

石破政権における日韓関係については、まだ何とも言えません。とても不安ですが、まだ何も起きていないことですから。ただ、何かが変わればいいな、とは思っています。振り返ってみると、「日韓関係改善」という言葉が流行り、日韓関係について何かを話す時に「改善されている」ことを前提にしなければならない、そんな雰囲気になってから、もう3年近くが経ちます。ですが、実際は先ほどの大使のインタビュー記事のように、改善なのか、改善ということにしているだけなのか、よくわからなくなっています。岸田政権の外交路線を全否定するつもりはありませんが、個人的に、韓国にちょっと甘すぎたと見ています。極めて残念としか言えないほどに。

さらに言えば、そうした甘さを韓国がありがたく受け取るかというと、そうでもありません。韓国の場合、日本のことを、とにかく自分側（「私たち」という意味で「ウリ」とも言いますが）の考えに一致したものでないと「ノーカウント」もしくは「悪いこと」、言い換えれば善悪論で考える傾向があるからです。先ほどの「〜〜でなければならない」とする考えも、そうした傾向の発現のひとつでしょう。歴代の日本の政治指導者たちの謝罪をなかったことにして、新たな謝罪を求め続けるのも、このためです。自分側の正義のゴリ押し、悪い意味でのポリコレ、この場合「ウリコレ」とでも言いましょうか。やれ「正義」だ「正す」だ「〜〜しなければならない」だのと、それがどれだけよいものでも、身勝手さの名分にするのであれば、ただの迷惑行為でしかありません。韓国の対日外交はいつもそうだったし、「改善」とされているいまでも、何も変わっていません。
これから本書でも取り上げることになりますが、政府や各メディアが当たり前のように「コップの（水の）半分」を主張し続けているのも、同じ趣旨です。「コップの半分」とは、「もう韓国がやることは全部やったから、残りは日本がやれ」という意味です。ボール、つまり果たすべき義務は日本にあるという表現を、少し変えただけです。よって、個人的に岸田前首相の対韓外交にはいろいろと不満があります。そもそも成果として主張する「改善」に至っていません。

こうして書くと「シンシアリーは岸田さんが嫌いなのかな」と思われるかもしれませんが、そうではありません。むしろ、全般的に見ると、岸田政権は必要以上に低評価されているのではないか、とすら思っています。外務大臣出身で「会って話す」を基本とする岸田前首相のやり方を考えると、無理して「無難を追求した」のかもしれません。無難な方法を探すのは決して悪いことではありませんが、明らかに「普通でない状態」においては、何の効果も得られません。統一教会問題など社会的事案もそうですが、自民党の裏金問題などにおいても、明らかに「ただごとではない」案件だったにもかかわらず、それでも無難なやり方を貫いて、自ら評価を下げることになったのではないか、私はそう思っています。実際、このやり方のせいで、全般的な評価を必要以上に下げたのではないでしょうか。全般的な政策において、賛否両論があるのは当然ですが、ここまで低評価されることはなかっただろうに、とも。日本は無難なことを好むという話も聞きますが、それは「普通の状態」でのこと。いったん動き出すと止まらないのがまた日本の特徴で、そんな時にもっと早く、もっと果敢に動かないリーダーは、支持を失って当然です。

日韓関係についても、その「尋常でない」状態に気づかず、普通の無難な解決を求めたことで、表面的な関係改善、決して長続きしそうにない「改善もどき」で終わってしまったと言えるでしょう。この岸田前首相のスタンスが、まさしく「改善されたことにする（そうすることで、さらなる追加措置を要求できる）」という韓国側のスタンスと、悪い意味で相性がよかったのではないでしょうか。

●岸田政権の功罪

繰り返しになりますが、私は岸田政権を自分なりに評価しています。賃金引き上げにも積極的に出てくれたし、経済安保政策もきちんと受け継いでくれました。詳しく書くと本書が本題に入る前に終わってしまうので、ひとつだけ取り上げるならば、やはりTSMC熊本工場誘致など半導体関連の動きではないでしょうか。もっと前から話はあったものの、日本が経済安保のための半導体支援策に具体的に動いたのは、2021年からです。2021年5月当時、甘利明《あまりあきら》元自民党幹事長が安倍晋三元首相、麻生太郎《あそうたろう》元副総裁などと、自民党内の半導体戦略推進議員連盟を発足、半導体産業支援策を設けました。

韓国メディア『アジア経済』の記事（9月28日「岸田総理が力を注いだ半導体復活の夢、新総理は受け継ぐのだろうか」）では、「政治圏を中心に経済安全保障のために半導体復活が国家戦略の一環になる必要があると見たのだ」としています。

それから2021年10月に就任した岸田前首相は、2022年11月、複数の日本企業が出資したラピダスに大規模な支援を約束しました。また、世界最大のファウンドリー（半導体委託生産）企業である台湾TSMCを熊本に誘致しました。2024年末に本格稼働を目指すとされている第1工場、さらに隣接する第2工場に加えて、早くも第3工場の話が出ており、日本、台湾の各企業が日本に関連工場を新設または強化するなど、久しぶりに「日本内に新規拠点」を作る会社が増えました。これは、いままでのように半導体などのサプライチェーンを自国だけで構築する路線ではなく、台湾、米国などとの協力を強化した点で、明らかに異なるやり方です。

個人的に、ラピダス支援関連法案も含めて、この動きを強く支持しています。このような部分は、もっと評価されるべきだと考えています。

ただ、話を本題に戻すならば、日韓関係だけはどうにも納得ができません。もっと喧嘩しろとか、そういった意味ではありません。改善でもないものを改善だとしている現在の状況そのものが、どうにも納得できないのです。評価できる部分で半導体を取り上げましたので、逆に残念だと思っている案件を一つ取り上げたいところですが……話が長くなりますので、もう少し後にして、「それでは、私はなぜ現在の関係改善が幻だと思っているのか」について、次章で話を進めたいと思います。

第二章　「日韓関係改善」の正体

●石破政権に韓国が望むもの

石破首相というか、日本の新政権に対して韓国側が望んでいるものは、具体的にどんなものなのか。いろいろありますが、要約すれば「経済圏統一」と「新しい謝罪」です。先ほどの大使の話にも出ていた内容で、経済圏については、後ほど「韓国政府は、自由民主主義陣営を中心としたグローバルサプライチェーン再編ではなく、中国を含めた各国との自由貿易を望んでいる」という話が出てきますので、そちらに回したいと思います。韓国は、ほとんどの案件において「日本と一緒なら、米国は何も言えない」という考えを持っています。日中韓FTAや日韓FTAが、まさにそれに値します。これについても後ほど取り上げますので、ここでは日韓関係「ならではの」(悪い意味ですが)テーマとして、「新しい謝罪」について書いてみます。

まず、わかりやすい記事が二つあります。ひとつは左派(進歩、リベラル)とされる『ハンギョレ新聞』の記事で、もうひとつは右派(保守)とされる『中央日報』の記事です。どちらにも共通するのは、もう日本から「新しい謝罪」を受けることはできなくなっているので、それを引き出すための画期的な方法が必要だという指摘です。

２０２４年9月6日、岸田前首相が任期の最後に韓国を訪問し、具体的な議題もなしにユン大統領と首脳会談を行いました。その際、各メディアは「岸田総理が、今度こそプレゼントを持ってくるのだろう」と盛り上がっていました。

〈……ユン大統領が、来週とされる岸田文雄日本総理の訪韓推進に関して、「日韓関係の連続性」を強調した。日本の次期指導者が誰になっても、協力の動力を続けるようにするという意志を表わしたことで、岸田首相がこれに答えるための「プレゼント」を持ってくるのか、注目される……ユン大統領と12回目の日韓首脳会談を通じて両側は首脳間の相性を強調し、来年の日韓修交60周年を迎え、関係改善の動力を続けていくのに意見を合わせるものと見られる。これと共に両国は北朝鮮の核・ミサイル脅威に対応するための日韓、日米韓三角共助の重要性を再確認するものと見られる。特に11月、米国大統領選挙でドナルド・トランプ前大統領が当選した場合、日韓間の共助がさらに重要になると観測される。パ・クォンゴン梨花女子大学教授は、「日韓関係改善は私たちが利用できる一つの政治的資産」とし、「トランプが再登場しても、日米韓協力枠を維持するには日韓関係が重要な側面にある」と話した（『ニュース1』8月30日「尹、岸田訪韓の前に継続的な日韓関係を強調……訪韓プレゼントに注目」より）……〉

ここで言うプレゼントとは、いわゆる「コップの（水の）半分」です。日韓関係において、韓国側はもうやることは全部やったので、ボールは日本にある。つまり、歴史関連問題での日本の謝罪表現や代位弁済財団への日本企業または政府の出捐《しゅつえん》（寄付）などのことです。ですが、実際はこれといったプレゼントはありませんでした。そこで、一部メディアが「日本はもう謝罪しないつもりだ」と主張しました。以下は、岸田前首相が帰国した後、9月8日の『ハンギョレ新聞』の記事です。

〈……退任間近の岸田文雄総理の2日間の訪韓は、議題も内容も曖昧だった。ひとつたしかなのは「これ以上謝らない日本」、そしてそれに同調する尹錫悦大統領の歴史観を再確認したことだった。ユン大統領と岸田総理は6日、12回目で最後の首脳会談を1時間40分にわたって行い、「私は、1998年に発表された日韓共同宣言（※「日韓共同宣言21世紀に向けた新たな日韓パートナーシップ」、韓国では「金大中《キムデジュン》・小渕《おぶち》宣言」とよく言います）を含め、歴史認識に関する歴代内閣の立場を全体として引き継いでいることを明確に申し上げた」とし、「当時、厳しい環境の下で、多数の方々が大変、苦しい、そして悲しい思いをされたことに胸が痛む思い」だと述べた。「金大中・小渕宣言」と呼ばれる1998年の韓日共同宣言などに含まれた日本の過去の植民地支配に対する反省と謝罪などを具体的に言及することなく、「引き継いでいることを明確に申し上げた」と「過去形」で表現し、日本首相の謝罪ではなく「個人の思い」として表現した。（『ハンギョレ新聞』9月8日「訪韓してもう謝罪しない日本という釘を刺した岸田……合わせてばかりの尹政権」より）……〉

引用していない部分まで含めて、記事でもっとも強調しているのは、「新しい謝罪」はもうしないつもりなのか、という点です。「コップの（水の）半分」、「水コップの半分」などと表現される「新しい謝罪」。つまり、もう韓国はやることをすべてやったから、残りの半分は日本がやるべきだという主張です。『ハンギョレ新聞』はほぼ諦めているようですが、他のメディアは「なぜ日本はコップの半分を満たそうとしないのか」と、日本関連だとほぼ例外なくこの主張をします。常時出てくるので数も多いですが、２０２４年10月の衆議院選挙で自民党が大敗した後の記事をいくつか紹介します。

第一章でも書きましたが、韓国は石破首相のことを「それでも、マシ」というふうに考えている節があるので、選挙翌日の10月27日までは日本メディアの記事を引用する形で結果を伝える記事が多かったのですが、28日あたりから、「石破政権がピンチ。これで『コップの（水の）半分』はどうなるのか」という記事が溢れ出すようになりました。まるで、すでに「半分」もらえると約束されていたかのような、そんな書き方のものばかりです。

●自民党大敗によって溢れ出した「水コップの半分」論

〈……28日、専門家たちは石破首相のリーダーシップが大きく低下しただけに、両国関係にも思わしくない影響を及ぼすだろうと口を揃えた。政府は日本が「水コップの半分」を満たすことを望んでいるが、辞任の圧迫まで受けている石破首相が自民党内部保守派の反発を和らげるため、韓国に譲歩するのは難しいだろうということだ。「半分の水コップ」論は、対日外交でユン政権が先に水コップの半分を満たせば、日本政府が残りの半分を補

う と期待する立場を意味する……むしろ日本の政治家たちは、支持率が下がった時には、伝家の宝刀のように右傾化し、強硬発言をする状況が繰り広げられる。特に石破首相が旧安倍派を中心とした保守側を気にする可能性が大きい。パク・ヨンジュン国防大教授は……「自民党内の保守派たちの顔色を気にしなければならなくなっただけに、両国関係に新しいモメンタム（※勢い）を作るのは容易ではないだろう」と見た（『ソウル経済』10月28日「派閥争いに野党牽制まで、日韓関係に飛び火するのか」より）……〉

〈……（※衆議院選挙結果について書いた後に）このような日本内部の政治状況は、両国関係にはマイナス影響を与えると見られる。内部事情が大変で、新任首相が外交に気を遣うことができなくなったからだ。特に、主な事案は両国政権の支持率に直接影響を与えるため、各懸案においてから得られるよりも「譲歩」する事案が多い石破首相にとって、負担を大きくする要因となる。政府は、日本が「半分の水コップ」を満たすことを期待している。ユン政権が先に解決策を提示し、関係改善が急流に乗っただけに、いまや日本がこの事案を終結する措置を取らなければならないという趣旨だ。しかし、すぐに辞任の可能性まである石破首相が、党内支持、国民的支持を回復するまでにはかなりの時間がかかると思われる。もし首相が辞任すれば、むしろ逆効果ではないのかという懸念も出ている。来年の日韓外交60周年を控えて様々な構想をしていたユン政権の計画も、思ったように進められそうにないだろう（『ニュース1』10月28日「穏健派石破内閣、早くもピンチ、日韓関係に悪材料」より）……〉

〈……転向的な態度だった石破首相の政治的立場は、両国関係にも影響を及ぼすと予想される。キム・ギョンジュ教授は「国交正常化60周年と関連して、すぎた期待はしないほうがいい」と話した。キム教授は「総選挙結果で党内基盤が弱まった石破の立場では、本人の意志通りに政権を引っ張ったり、両国関係で新しい動きを作るのは容易ではない」と伝えた……日本は来年に終戦80周年を迎えることになる。キム教授は「日本保守層は、日韓国交正常化60周年を強調することをあまり喜ばず、自国の終戦80周年により大きな意味を与えようとするだろう。石破もそこに合わせるしかないだろう」とした……

シン・ガクス元大使も衆議院選挙結果は日韓関係の変数として作用すると指摘した。彼は「石破首相が（それでも）関係を前進させられる（人的）資産だったが、影響力が弱くなり、保守勢力に振り回される可能性がある」とし、「水コップの半分を満たすことが容易ではなくなった」と評した。シン元大使が言及した水コップ論は、対日外交でユン政権が先に水コップの半分を満たせば、日本政府が残りの半分を満たすだろうと期待する立場を意味する（『中央日報』10月28日「石破内閣短命で再び旧安倍派総理なら日韓関係は激浪」より）……〉

本書の冒頭でも石破首相の就任記者会見の内容を引用しながら触れましたが、総裁選の時も衆議院選挙の時も、日韓関係はまったく話題になりませんでした。裏金問題とか、選択的夫婦別姓問題とか、そんな話題もありましたが、ほとんどは経済関連だったと記憶しています。衆議院選挙結果関連で韓国内から「コップの半分」という話が出てくること自体、日本の雰囲気をまったく知らない、または知ろうとしていないのではないかと、当時、これらの記事をブログに紹介しながら思いました。

●2025年こそ「新しい謝罪」を

お冷《ひや》もセルフの店が多くなった今日この頃、このようにコップの半分で大騒ぎになっている隣国ですが……そもそも日韓の間の数々の「反日案件」は、先ほども書いた請求権協定問題をはじめ、ほとんどが韓国が起こした問題です。慰安婦問題も東海表記も、戦後数十年の間は何の問題提起もなかったし、数十年前の新聞記事を探してみても、米軍基地の近くで売春していた女性たちを普通に慰安婦と呼んだり、大韓航空機爆破事件があったときなどは、日本メディアの記事を紹介しながら「日本海」という名称が普通に出てきます。少なくとも、それらの単語に「そう呼ぶもの」以外の感情はなかったという意味でしょう。

勝手に取り上げて勝手に問題にして、勝手に半分を満たせと期待して、他国の選挙結果を報じながら勝手にピンチだと騒いでいるわけですが……それでも韓国側は、この「新しい謝罪」を諦めていません。そのために、日韓外交関係正常化60周年（2025年）を集中的に狙っています。日韓共同宣言に代わる新しい宣言を行い、日本の新しい謝罪表現を引き出そうというのです。宣言というか、日本に「言わせる」ことを目指しているわけです。またもや言質を取ろうとしている、とも言えるでしょう。

●「日本は強く押せば受け入れる国」

この件、かなり前から話がありました。2020年、昔は「安企部」と呼ばれていた国家情報院という機関の長、パク・チウォン氏が来日したことがあります。公式に確認された話ではありませんが、このパク院長の来日の主な目的が、この新しい共同宣言だったと言われています。パク院長は当時のムン大統領の書簡を持って来日し、当時の菅義偉首相と面談しましたが、それから何か続報が聞こえてきたわけではありません。2021年にも来日していますが、その時も同じ内容の記事がいくつかありました。新しい宣言を提案する、と。ただ、すべてが「匿名情報によるもの」で、公式に確認された話ではありません。

そんな中、最近は「いまこそ、ユン大統領の日本国賓《こくひん》訪問を実現させよう」という主張も出ています。もっとも露骨にこの主張をしているのが、保守側の大手メディア『中央日報』です。前に盧武鉉《ノムヒョン》大統領も国賓訪問したことがありますが、それから韓国大統領の国賓訪日はありませんでした。「韓国語を使うとかっこいいと思われる（と聞く）」以外にこれといった論拠がない関係改善。その根拠とされる何かのイベントが必要だ、という背景もあるでしょう。別に、韓国側がそう思っているだけならそれでいいかもしれません。しかし、なぜそれが必要なのかについての理屈が、実にとんでもないものでして。

『中央日報』の論説委員が書いた、2024年9月12日の深夜に掲載された記事をひとつチョイスしてみます。記事は、急に在留期間の話から始まります。いまは日本に帰化しましたが、シンシアリーもつい2年半前までは、日本で滞在するためには在留資格（普通は期間付き）が必要でした。これについては、日本の皆さんからするとまったく縁のない（日本人には必要ない）話ですが、外国人が日本で暮らす、つまり「滞在」するためには、在留資格というものが必要です。

たとえば、私は韓国では歯科医師でしたが、日本では診療できる権限がないので、作家、ブロガーなどとして暮らすという「芸術」カテゴリーの在留資格を取得しました。「どこが芸術だ（笑）」と言われても仕方ありませんが、音楽や演劇などもすべてこのカテゴリーです。ほとんどは日本の会社に就職が決まると、その会社の法務チームが手続きしてくれますが、私のように個人で活動する人間は、行政書士と契約して手続きを済ますことになります（全部自分でやる人もいますが）。

手続きを経て、「この人は日本にいても問題なく、この仕事で暮らしを成り立たせることができる」との審査をクリアできれば、普通は1年間滞在できる在留資格が得られます。期限が来る前に再審査を受けて、これといった問題ないと判断されると延長できます。最初は1年単位ですが、ある程度滞在できていれば、3年、5年のスパンの許可を得ることもできます。10年間問題がなかった場合、審査なく（更新は必要）日本に滞在できる「定住者」になります。最近、日本で永住許可を持っている人たちに対し、悪意のある税金滞納などがあった場合、永住許可を取り消すよう法律が改正されて話題になりましたが、定住者となった人々がその対象になります。私の場合は「帰化」で、完全に国籍が日本人になるので、定住も在留も必要なくなります。

さて、記事に明記されているわけではありませんが、記事を書いた人も、この在留資格（期間付き）で日本に長く滞在していた人だと思われます。おそらく、記者としての在留資格だったのでしょう。どうやらいまは日本から離れていて、在留期間も更新されず、期限が過ぎたようです。その記者が、在留資格が消滅した後、日本の銀行に行ってお金を引き出そうとした際、在留期間が過ぎていたので引き出せなかったといいます。記者はこのことで、「10年前には在留期間が過ぎていても普通に引き出せたのに、デジタル化されたようだ」としています。しかし、この件はデジタル化がどうとか、それ以前の話でしょう。顚末《てんまつ》はと言えば、銀行側から届け印を持ってくるように言われ、「20年前に届け出たハンコをまだ持っているわけない」と言い張った（強く押した）挙句、結局、新しくハンコを作ってなんとかなったという、そんな話です。

では、これがなぜユン大統領の国賓訪問と繋がるのか。記事が説明している理由は、こうです。銀行はハンコがどうとか言ったが、それは表面的な対応に過ぎず、日本という国は、結局は責任を負いたくないと思っているだけで、「相手が強く押せば、受け入れる国」だというのです。ルールを守らなかった自分自身にこそ「責任」という言葉を使うべきなのに、ある種の配慮をしてくれた銀行側に「責任回避」を論じているわけです。これだけでも十分読んでいて苦しくなる話ですが、記事はさらに、ユン大統領が国賓訪問すると、今上《きんじょう》天皇とも会うことになるから、「おことば」を引き出すこともできるだろう、それで大きく変わる、と主張します。そして、それこそ「強く押す」に値する、とも。すなわち「強く押して」ハンコ問題がなんとかなったように、国賓訪問して今上天皇から「おことば」を引き出すことこそが、日本を「強く押す」ことになる。日本はそれで従うしかなくなる、という理屈です。

また記事は、「それこそ、日本の政治家たちへの配慮でもある」と付け加えています。実は日本の政治家たちは韓国に新しい謝罪を出したがっているけれど、責任を負いたくないがゆえに誰もやろうとしない、だから天皇の言葉を借りれば、それがやりやすくなるだろう、と。本当に頭の痛くなる話ですが、これが大手メディアの記事として掲載されているのが、韓国の現在進行形の姿です。

●「岸田・ユン」の築いた関係改善の「裏」

〈……（※先ほどの銀行での話の後に）彼らに必要なのは責任を避ける手段なのだ。それを知って、粘り、強く押せば、後ろに下がるのが日本だ。よく言えば、言葉が通じる国だ。いつも高圧的な北朝鮮や中国とは違う……これは日韓外交にも示唆点を与えてくれる。ユン政権になってから、両国関係の大きな枠組みは劇的に変わった。システムが確変したわけだ。しかし、外交現場のマニュアルはそのままだ。すぐに国交正常化60年を迎える来年が問題だ。韓国は1998年の金大中・小渕宣言に次ぐ画期的共同宣言を希望している。しかし、日本はそれほど積極的ではない。共同宣言を出すには、過去の歴史に関わる問題に言及しなければならず、謝罪のレベルと表現を置いて、また言い争いを繰り広げなければならないからだ。「これ以上の謝罪は不可能だ」というマニュアルの中で、日本の外務省官僚たちが責任を負ってまで前に出る可能性は希薄だ。たとえ彼らが前に出たとしても、そのレベルは、韓国の国民を満足させることなどできないだろう。

それなら、どうすればいいだろうか。彼らの責任を軽くしながらも、同時に代替案を設けることもできる「押し」が必要だ。私は、それこそ、日本がユン大統領を国賓招待することだと思う……韓国大統領の国賓訪日は全斗煥（1984年）、盧泰愚（1990年）、金大中（1998年）、盧武鉉（2003年）以後なんと21年間も行われていない状態だ。何より、来年に22年ぶりに国賓訪問をすることになれば、天皇（※韓国では『日王』という表現を使いますが、珍しく、記事にはチョンファン、天皇と書かれています）との出会いがなされ、この時「オコトバ」と呼ばれる天皇の両国関係に対する発言が出てくる。天皇の話す歴史関連発言は、重さがまったく異なる。また、自然にそれに合わせて両国政府間にも共同発表文が出てくる可能性も大きい。それでも話しきれなかった内容があるなら、日本の議会での演説で話すことだってできる。一言で、形式や責任面では日本の外務省や政治家たちが半歩後ろに下がることができ、私たちとしては60周年にふさわしい結果物をほとんど得る形になるだろう。(『中央日報』9月12日「22年ぶりの国賓訪日は可能だろうか」より)……〉

記事は最後に、「1年に国賓招請を2回以内とする日本の慣例上、やや急ぐ必要はある(米国大統領が国賓訪問するかもしれない)」としながら、日本に対する韓国のスタンスとして、こう提案しています。「言い換えれば、無茶を言う必要がある。無茶というより、強く押して説得すれば良い」、「古くからの『よい人』として行動しているだけでは、彼らは何も出してくれない」、「最近の日韓外交の結果を見ても、これはすぐにわかることだ」と。

この章では、前段で紹介した大使の主張について、後ほど触れる「経済圏統一」以外の部分の「裏」をまとめました。「コップの半分」——実は韓国こそが半分を満たしておらず、日本がいつまでどれだけ注いでも決して満たされることはないであろう、劣等感と憎しみのコップ。だからこそ、韓国は日本の政治リーダーを靖国神社参拝の有無によって見定めようとしており、自民党が選挙に負けたことを気にしています。コップの半分はどうする、もっと右側の人が政権を取ったらどうする、と。あまりにも現実と思想の間に大きな溝があるのではないでしょうか。そして、その溝を自覚しているからこそ、日韓関係改善を「絶対的な前提」にして、「溝などない」ことにしようとしているのです。

日本の若い層が韓国語を使っていると聞いたから「関係改善」したのではなく、とりあえず「関係改善したということ」にして、日本から新しい言質を取ろうとしているだけです。これが、岸田政権とユン政権が作り上げた「日韓関係改善」の姿です。

第三章　「反日」は何も変わっていない

●2024年8月の騒動

韓国では8月15日を「光復節《こうふくせつ》」と言います。光復とは「光が戻った」、つまり主権などを取り返したという意味の言葉です。ただ、どこの辞典を調べてみても、戦後韓国の独立以外では例文を見つけることができず、もっとも古い例文が併合時代にゲリラ活動をしていた「光復軍」から出てくるので、作られてあまり経っていない単語だと思われます。個人的な考えですが、韓国語読みだと発音が同じ「匡復（間違ったものを正す、直す）」を少しわかりやすくしたものではないのか、そんな気もします。私が子どもだった頃は、8月15日の名称こそ光復節でしたが、通常は「815解放」という言葉をメインで使っていました。「パリロヘバン（815解放）」と言います。

ただ、金泳三《キムヨンサム》政権の時に、「解放」は誰かに助けてもらったニュアンスが強いから「光復」を能動的に独立を勝ち取ったという意味にすると決め、公式用語にしました。本当に光復が能動的な意味が強いのかどうかは、よくわかりません。しかし、いつものことですが、能動的な意味「という設定」になりました。いまでも独立は「自分で戦って勝ち取ったもの」というのが韓国の一般的な認識です。用語からして不安定なのは、韓国の独立が不安定だったことをそのまま物語っているのでしょう。

1945年、朝鮮半島の統治権は朝鮮総督府から連合軍に渡り、そのまま3年間の軍政期間を経て、1948年、国連監視下で総選挙を行い、韓国が誕生しました。すでに朝鮮半島の北半分は金日成《キムイルソン》を中心に独自の勢力が出来ていたため、南半分だけの総選挙となり、いまに至ります。しかし、韓国では併合時代そのものを「違法だった」とし、亡命政府である「臨時政府」が存在していたと主張しています。すなわち、「朝鮮半島での私たちの統治が途切れたことはない」のだと。

そして、韓国の憲法前文にも採用されているこの妙な歴史観と後付けされた各種「設定」の矛盾を覆い隠すために、どうしても「能動的に取り返した」とする必要があったのでしょう。「大韓帝国↓日本（朝鮮総督府）↓連合軍↓韓国」という歴史を無視し、「大韓帝国↓臨時政府↓大韓民国」にこだわるこの史観を、「臨時政府史観」と言います。韓国の日本関連政策において、最上位にある概念だと言ってもいいでしょう。「日本を否定することで成立する世界観」が韓国の母体になっていること。韓国という国が存在する限り、この世界観が変わることはないのかもしれません。

さて、ネーミングセンスはともかく、その光復節がある8月は、併合時代に大規模抵抗運動が起きたことを記念する3月（3月1日、「三一節」）とともに、韓国では何もかも日本関連の話題、記事が増える時期でもあります。2024年8月は、特に騒がしい時期となりました。主に7月末から8月末にかけて、韓国ではユン大統領及び政権関係者たちの「親日」問題が大きな話題になりました。後で事例を紹介したいと思いますが、一部の高位公職者たちの発言が先ほどの「臨時政府史観」にそぐわないとか、韓国で最高の愛国行為とされる併合時代の「独立運動」関連団体の人事に「親日派」が起用されたとか、政府側の一部の発言が「親日的すぎる」など、大きな争いが起きました。さすが、「関係改善された国」は違います（笑）。ユン政権が戒厳令を準備しているというデマまで出回って、それはもう、国会もメディアもネットも大騒ぎでした。

●日本だけをイベントから排除

韓国関連ニュースにおいて、「耐性」（こう書いていいでしょうか）の高い方なら、「韓国で日本関連の話になるといつもこうではありませんか」と、いわば「ハハハこいつめ」

的なノリで笑い飛ばすこともできるでしょう。ですが、２０２４年の光復節（8月15日）は格別でした。なにせ記念式典が「政府」と「団体」の二つにわかれて行われましたから。いままでは政府が主催し、各団体や政党関係者たちが参加することになっていました。ところが２０２４年は「あんな大統領に光復節イベントを任せるわけにはいかない」と、一部の野党、民間団体が離脱したのです。そんな大騒ぎの中でも、一方で「ユン大統領が日韓関係を劇的に改善させた」という主張がつねに出ていました。いま振り返っても、ただならぬ違和感です。主に政府側、この場合、韓国では右派、保守派などとしますが、そちら側は「そうだ、これは功績だ」とします。逆に左派、進歩派とされる野党側は「日本に譲るばかりの売国政策だ」とします。世論調査などを見てみると、国民の多くは「親日すぎる」とご不満のようです。

　表現の差はあれど、日本のメディアでも同様に、「日韓関係改善」という単語が無数に出るようになって、もう3年になります。２０２４年8月9日のことです。この日も、野党側からは、「ユン大統領は今回の光復節演説でも日本に配慮するだろう」、「やはり親日だ」といった主張が目立っていました。一方、与党側、保守メディアなどは、「日韓関係は確実に改善された」、「もう前とは違う」といった雰囲気の中にありました。そんな中、ある一つの記事に私の目がとまりました。同日の『ノーカットニュース』（韓国のキリスト教系放送局『ＣＢＳ』の宗教以外のニュースを担当するメディア）の記事です。他のメディアはあまり報じておらず（私が見つけられなかっただけかもしれませんが）、韓国内ではさほど話題になっていない、そんなニュースです。

韓国では外国人、または外国人と結婚した人の家庭が増えており、一般的にそうした家庭を「多文化家庭」と呼びます。各自治体や市民団体が多文化家庭のために住民向けイベントや話し合いなどを開催することも、もはや珍しくありません。そんな中、大きな空港で有名な仁川（インチョン）広域市の、とある区でのことです。

その区で、各国の文化体験イベントを、一か月ずつ行うことにしました。多文化家庭の人たちがメインですが、区庁主催のイベント。7月は韓国、8月は日本、9月は北米圏、10月は中国やベトナムなどアジア圏の文化を体験できる、基本的に児童向けのイベントです。詳しく何をするのかまではわかりませんが、本件を紹介する記事によると、「浴衣を着てみる」とか「日本の伝統おもちゃで遊ぶ」とか「人気漫画（アニメ）のキャラの衣装を着てみる」などです。コスプレというより、おもちゃ売り場などでよく見かける子ども用の戦隊とかプリキュアとか、そんなキッズコスチュームのようなものだと思われます。韓国でも、地上波では無理ですがケーブルテレビなどで日本の特撮、アニメが結構放送されていますし、コスチュームも輸入されたものやパチものが販売されています。というか、日本アニメや特撮などのおもちゃは、どこの国でも人気です。

そうした平和なイベントでしたが、「なんで私たちの子どもたちが日本の服を着ないといけないのか（記事原文ママ）」、「（そんなことをするくらいなら）そのまま（子どもたちを日本に）帰化させたらどうか」という抗議の電話が相次ぎ、結局、区庁はこのイベントの「日本パートだけ」をキャンセルしました。主な理由は、「韓国の情緒を理解すべきだ」、「（8月15日がある）8月だから」などです。イベント内容に問題があって中止になることは外国でもありますが、こうしたイベントが、情緒を理由に特定の国「だけ」キャンセルされたとなると、韓国以外の国では間違いなく「人種差別だ」という主張が出てくるでしょう。それでは、ちょっと記事を引用してみましょうか。

〈……住民たちの反発が続くと、行事は結局取り消された。区の関係者は「電話をたくさん受け取り、キャンセルした」と伝えた。取材を総合すれば、当該行事は多国籍5人で構成された住民コミュニティーによる行事だ。5月に区の同体支援事業に選定され、7月から5か月間、合計約400万ウォン（※約40万円）を支援される。先月、韓国文化紹介からスタートし、8月は日本、9月北米圏、10月は中国・ベトナムなど東アジア文化を紹介した後、11月は韓国生活定着を助ける活動で終わる予定だった。区庁側は「地域に多文化家庭や結婚移民者家族などが多いため、グローバル事業に対して政策的に多くの支援をしている」と説明した。該当行事も「日本文化行事というより、社会統合のためのものだったのだ」と強調した。……

……多文化社会統合のために特定文化に対する感情を克服しなければならないという声が出ている。チョン・ユン多文化政策研究所所長は「多文化に対する体系的な教育が必要だ」と話した。チャン・ギョンハ慶熙大学児童家族学科教授も「すでに多文化社会で、お互いを構成員として受け入れ、統合のためのアプローチが必要だ」と提言した。ただし、専門家たちはこの過程で、片方の一方的な理解ではなく、相互間の理解と教育が必要だと強調した。チョン所長は「大韓民国があるからこそ、各国の文化も入ってくるものだ」とし、「彼らにも、8月15日のような私たちの文化を教えなければならず、施行する側（※

区庁及び多文化家庭の人たち）も、そんな情緒を考慮しなければならない」と話した。チャン教授も「行事を企画する時点（8月）について考慮せず、イベントが取り消されるしかなかったという点は残念だ」とし、「慎重に考慮しなければならなかったのに」と話した。（『ノーカットニュース』8月9日、『家で楽しむ日本体験だと？ 論難でイベントキャンセルまで』）……〉

●関係改善の裏で何も変わらない国民意識

これは、韓国ではよくある話です。別に驚くようなことでもありません。対象は「日本」ですから。韓国では、「日本も北米も大事な社会の多文化家庭」としていた人たちですら、慰安婦、併合時代、竹島、日本海呼称問題など、ほんの少し反日案件が加わっただけで、日本は一気に「普通より『下』扱いしても問題ない」存在になってしまいます。そして、それに文句を言うことは、善悪論における「悪」とされます。相手が悪だから、差別も正当化されるわけです。ヒーローが悪の組織の戦闘員を殴っても何の問題もない、そんなノリです。「耐性」が低い方々からすると、「あんたも元韓国人だろう。書き方がひどすぎないか」と思われるかもしれませんが、元韓国人だからこそ、そんな案件をたくさん見て、聞いて、感じてきました。だから、わかります。小学生が慰安婦集会に参加すると「いい子」扱いされるし、体育祭か何かの代表発表で「独島は私たちの領土です」と叫ぶのは「私たちは立派な大人になります」と叫ぶのとほぼ同じ意味です。ある程度成長した人たちならともかく、その小学校に日本人の子どもがいた場合、どう思うのでしょうか。日本なら「なんで小学生にそんなことを」と思われるかもしれません。しかし、あくまで一般論ですが、韓国では「独島《ドクト》は韓国の領土だと『わからせる』のが、子どものための正しい教育」だという認識が先行します。

この記事を「別に驚くことでもない」と思った時、私の頭が感じ取った「日韓関係改善」という言葉とのギャップは凄まじく、改善というのはいったい何のことだろうかと、少し考えてみました。それが、本書のテーマ選びのきっかけにもなりました。根本的に変わるとかそんな大げさなものでなくても、とりあえず「改善」という言葉を使うからには、パッと思いつくだけでも、いくつかの変化が必要でしょう。

日韓関係を改善する（何が『善』なのかまではともかく、既存のものが変化する）ためには、カリスマ性のある政治家が必要です。言い換えれば、国民が「この人なら信用できる」とする政治家と、その人への支持が必要です。そして、ある程度政治が安定した状態で、「公論化」を行い、国民の意見を幅広く受け入れていく、そんなプロセスが必要です。政治が安定していなくとも公論化はできますが、これは韓国だけでなく他の国もそうですが、社会の認識を変えるほどのことは、ある程度の支持基盤がある政治家でなくては、まず言い出せません。「韓国の大統領は支持率が下がると反日になる」という話も、同じです。

国民は国民なりに「あれ、ひょっとしていままで私たちが考えていたことって、間違っていたのかな」とか「もう時代が変わったから、自分自身と次の世代のためにも、考えを変えなければ」とか、そんなことに気づく必要があります。そして、それをリードしていくのは、若い世代です。多くの変化が、そのようにして訪れます。たとえば、最近日本でも、「貯金から投資へ」という認識の変化が目立つようになりました。そうした変化は、若い世代がリードしています。政府も政府なりに、政権の旗色から離れ、前の政権、前の前の政権から踏襲してきた政策などを、変える覚悟が必要です。そして、この二つを基盤にして、公論化へと向かいます。果たして、岸田・ユン両政権で声高に主張された日韓関係改善は、そんな準備を進めるための段階だったと言えるのでしょうか。

●論ずることさえできない「植民地近代化論」

私は、韓国から根本的に反日思想をなくすには、憲法レベルでの改革が必要だと思っています。本書でも少し触れていますが、まずは「臨時政府史観」からなんとかして、韓国が「1948年にできた国」という点から新たに定立しなければなりません（1919年から続いた幻の政府の「続き」ではなく、れっきとした選挙で1948年にできた一つの国としてのアイデンティティーの確立）。しかし、現在の政権に急に国家のアイデンティティーや憲法改正を求めても事実上不可能でしょうから、少なくとも「日本は信用できない相手」と決めつけているような、国際情勢的にも明らかに逆行する政策を変える、廃止する、またはそのための準備や公論化が必要です。ですが、韓国にはその準備が出来ていません。なぜなら、日本を悪者としか見ない社会の認識が変わらずに続いているからです。

特に、若い世代にこの点は強く現れています。公論化以前に、「そもそも議論それ自体を許可するところから始めるべき」と書いたほうがいいかもしれません。たとえば、「植民地近代化論」などが象徴的です。日本との併合により、朝鮮半島が経済的に豊かになったという類の主張を、韓国では植民地近代化論と言いますが、これを論ずること自体、韓国では禁止されています。賛成しろとまでは言いませんが、少なくともこういう主張をする人たちが社会的に「悪」とされる風潮だけでも、まずは許可すべきではないでしょうか。

そのためには、俗かもしれませんが社会の「経済的安定」も必要です。「肯定的で未来志向な雰囲気」と書いてもいいでしょう。社会の議論の前提として、社会の安定、特に「暮らし」の安定が必要になります。いまは苦しくてもこれからもっとよくなっていくという信念がなければ、隣国との関係改善の議論など無意味です。暮らしが安定していなければ、そんな議題が国民の頭の中で優先されません。つまり、隣国との関係改善は「経済」や「景気」など、国民の豊かな暮らしと直結しています。

豊かでなくても社会的変化に対する議論は可能ですが、経済がちゃんと回ってくれないと、それ以外の議論が成立しません。さまざまな不満が増えます。「最近、不景気だ」と素直に言える人はまだマシで、「世の中が悪い」という考えに取り憑かれてしまう人々が増えていきます。そうした中で、国内の経済関連の議論ならともかく、隣国との関係改善の議論など困難です。一つ前の世代から「日本に多くのものを奪われた」が定説になっている韓国では、各種の不満が日本に向かいやすく、なおさらです。

●北朝鮮がさほど「親中」でない理由

首脳会談などの「外交」、貿易などの「経済」、観光旅行や親善イベントなどの「人的交流」といった観点から関係改善を図ることもできなくはないですが、それは一時的なものにすぎません。中国と北朝鮮の経済的交流がどれだけ大きくても（北朝鮮は経済の9割以上を中国に依存していると言われています）、北朝鮮の価値観が親中になるわけではありません。外から見ると、中国と北朝鮮は同じ陣営、つまり「中国・ロシア・北朝鮮」が一つのチームになっているとされる現状ですが、それぞれの社会が「親」とは言い切れません。逆に、北朝鮮では反中感情がかなり強くなっていると聞きます。韓国式に書くと、いわゆる「甲乙《こうおつ》（ガブル）問題」が強いのも一因です。パワハラのように強者が不当に弱者を搾取する、苦しめることを韓国では甲乙問題と言いますが、北朝鮮に対する中国の「甲っぷり」はすごいと言われています。思想的にも、北朝鮮は社会主義国家でありながら自民族中心主義が強い「変わり種」なので、民族という言葉を認めない中国とは思想的にも「親」にはなれません。

外交的、経済的には近くても、社会的には埋められない溝がある、こんなシチュエーションにおいて、どれだけ北朝鮮と中国が陣営として親しく振る舞っても、関係改善とは言えません。「社会」が何も変わっていないからです。

これからも米国やロシアなど、「中国以外の選択肢（生き残るためであり、いまよりよい待遇を中国から引き出すための手段でもある）」を求める北朝鮮の政策路線は変わらないでしょう。北朝鮮の頭の中は、中国とそれほど親しくないわけです。北朝鮮が望んでいる中国との関係改善は、中国が北朝鮮にもっと支援すること、または北朝鮮が中国から離れられること（たとえば、ロシアとの関係強化や日米に「公式政府」として認めてもらうこと）などでしょう。関係改善とは、同じ陣営にあるとか、交流があるとか、そんなことで決まるものではありません。

たとえば、日韓関係改善の論拠としてよく取り上げられるのが、訪日韓国人観光客が増えたなどのデータですが、つい3~4年前までは「NO JAPAN」など、日本旅行するだけで売国奴とされるような雰囲気がありました。このように「いつ変わるかわからない」状態では、改善も改悪も、語ることができません。何か一つか二つの案件で一喜一憂する韓国社会。それが安定して、急に燃え上がらず、急に冷めきらずに変わっていくためには、社会に肯定的な考え、これからよくなるというポジティブな考えが必要です。

軍事政権時代、そして1970年代~1980年代にも反日思想はありましたが、その時代の韓国を知っている人は、「いまよりは感情の起伏を抑制する力があった」とよく言います。国際情勢において自分たちの立場をある程度知っていて、反共思想の砦としての自覚もありました。そして、そのためには日本との協力が必須である、とも。自分たちを省みることもありました。「日本から学ぼう」という考えや「私たちは民族性に問題があるので改善しないといけない」といったことを、誰もが気軽に言えました。実体はともかく、当時の反日は「日本に並び、超えるための『克日（グクイル）』」としての側面が、いまよりあったのかもしれません。言い換えれば、未来に対する肯定的な見方がありました。

しかし、いまの韓国の反日は、ただ自分を持ち上げて日本を下に見るための反日、強いて言うなら「卑日（ビイル）」です。日本から学ぼうとか、民族性を改善しようとか、そんなことも下手に言えなくなりました。いわば、コンプレックスの発現が露骨になりました。個人的にその理由のひとつは、「自分自身への自信が弱くなったから」だと思っています。それだけが理由だと言いたいわけではありませんが、ただ率直にそう思っています。肯定的な社会の雰囲気の中で育つことで、若い人たちの認識が肯定的に変化するなら、その逆もあります。ネガティブな雰囲気の中だと、自身を失い、変化すら受け入れられなくなっていきます。そして、若い世代が変わらないのであれば、今後、数十年待っても何も変わりません。

●子どもが日本人を撃つ祭り

それでは、岸田・ユン両政権は本当に日韓関係の改善を果たせたのか、またはその土台を作ったのか、これまでの内容を振り返りながら「日本だけイベント取り消し」関連記事に戻ってみましょう。本当にまったく話題にならず、ポツンと載っていた記事。笑い飛ばすこともできる、そんな記事です。しかし、その記事を読んで私は、「ああ、やはり何も変わってない」と思うしかありませんでした。その記事の関連コメント欄（韓国のオリジナルソース記事や『ネイバー』や『ダウム』などポータルサイト経由のもの）はもちろんのこと、引用部分で紹介している専門家もまた、「開催しようとした方に問題がある」との趣旨が圧倒的でした。「国民の情緒とイベントの取り消しに何の関係があるのか」というコメントも皆無ではありませんでしたが、多勢に無勢といったところです。私たちの子どもに日本の服を着せるとは話にならない、そのまま日本に帰化させろ、などがほとんどです。最近、この手のニュースが目立たなくなりましたが、それは本当に目立たなくなったのか、メディア側が何かの理由で「目立たなくした」だけ（政権の方針からして、相応の負担を気にしている）なのか。陰謀論は好きではありませんが、ついそこまで考えてしまいました。

余談ですが、区庁側は、こうしたイベントにはテーマについていろいろ教えてくれる顧問のような人たちが必要だが、そうした先生の日程をすべて考えて8月にしただけと弁明しています。ですが、個人的には「8月だから」というのは言いがかりで、名分が欲しかっただけのように思います。ある意味、とても率直な反応の記事だ、そんな気もします。

専門家たちが取り消した側ではなく、主催した側に対して「もっと考えるべきだった」と上から目線で叱るようなニュアンスで話すあたり、特にそうです。そこまで「子どもが日本の文化を体験する」のが嫌なら、なぜあんなに大勢の韓国人が日本旅行に来るのか、それも矛盾しています。家族旅行も結構多いとのことです。全体のイベントがキャンセルされるのならともかく、日本だけキャンセルされたことで、該当地域の日本人、特に子どもたちはなにを思うのか……胸が苦しくなるばかりです。こういうのを「差別」というのでしょう。

政権の方針に沿って、こうしたニュースをメディアはあまり報じないのではないか、そんな陰謀論のようなことまで考えたりしましたが、そう言えば似たような案件が他にもありました。併合時代の設定として、子どもたちに水鉄砲を与え、「韓国の国旗を取り上げた日本人巡査に銃（水鉄砲）を撃つ」という「独立軍ごっこイベント」があります。水鉄砲ですから納涼祭りのつもりのようですが、このイベントが、光復節直前（14日）に計画されていたものの、急にキャンセルとなりました。子どもたちに「日本人に銃を撃つ遊び」をさせるイベントが中止になったのは、個人的に望ましいことだと思っていますが、実はこのイベント、過去にも何度も開催されています。それなのに、なぜ今年だけ中止になったのか、そこがよくわかりません。２０２３年にもありましたし、検索範囲をちょっと広げてみると、２０１４年、２０１５年、２０１６年に同じ記事がヒットします。すべてが同じ内容なのか、それとも内容にバリエーションがあったのかまではわかりませんが、いままでは普通に開催されていたわけです。先ほども書きましたし、後でもう少し詳しく書くことにもなりますが、２０２４年8月は特に日本関連で、ユン政権に不利な話題が多かった月です。韓国では、こうしたイベントを開催するのは政府または自治体が補助金を出さないと始まらないので、そうした雰囲気を気にして「父兄たちから抗議が多かった」ことを建前として中止させたのではないか……とまで思いを巡らせるのは、さすがに考えすぎでしょうか。

●６００人の女子小学生が身投げする「殉国体験」

こうした話は、ずいぶん前からありました。話のネタが多すぎてチョイスに困るところですが、私がシンシアリーを名乗るようになった頃、ブログで紹介した話を一つ掘り返してみましょう。皆さん、2000年代になってから、小学生の女の子たちに「日本人と一緒に自殺する（ごっこ）」イベントがあったと聞いて、信じられるでしょうか。

この話をする前に、韓国の芸妓《キーセン》「論介（ノンゲ）」について、ちょっとだけ綴ってみます。豊臣秀吉の朝鮮出兵の時、韓国（朝鮮）の慶尚南道《キョンサンナムド》の晋州《ジンジュ》というところで、日本兵が城を占領しました。その時、ノンゲという若いキーセンが、倭将《わしょう》を道連れに崖から身を投げ、ふたりとも死んだという話があります。ちなみに、韓国では身分によっては名前がない場合が多く、特に女性は貴族でも名前を表に出さない、または持っていない人が多いので、ノンゲも名前ではなく、キーセンの呼び名のようなものです。ちなみに、最近はゲームやアニメなどを通じて韓国でも日本の武将（戦国武将）の知名度が上がって、日本武将という言葉を使う人が増えましたが、伝統的に「倭将」と言います。単に昔の表記というのもありますが、韓国では倭《わ》と矮《わい》の発音が同じ（字の意味の差もわからない人が意外と多い）ということもあって、日本を見下す意味でこうした表現を好みます。そこはともかく、この物語は韓国では実話とされていて、「いつの時代も、性別や身分に関係なく、全員が命をかけて日本と戦った」とする韓国の「対日闘争観」と相性がよく、全国的に有名になりました。

このノンゲの話は、『於于野談（オウヤダム、推定1600年頃の書物）』という本に出てくる物語です。「野談」とは、民間が記録した話などで、正式な歴史書として認められるものではありません。すなわち、実話だという根拠はありません。朝鮮時代、政府は儒教的な価値観の普及のために、全国から親孝行、国への忠誠などに関する話を集めていましたが、公的な書物にこのノンゲの話は出てきません。慰安婦とか日本海呼称とかの問題もそうですが、反日という目的（この場合、特に「性別や身分に関係なく（以下略）」という設定）のために、後から「発掘された」案件にすぎないと見たほうがいいでしょう。

ちなみに、この「全員が命をかけて日本と戦った」設定が韓国社会を支配するようになったのは、第二次世界大戦後です。実際は、併合時代などを普通に日本人として生きた人たちも大勢います。ですから、そうした実際の歴史と自分たちが作り上げた歴史観の辻褄を合わせるために、「全員で〜〜」という設定が必要だったわけです。基本的に、併合時代に「普通に生きた」ことは、「強制だった」ということになっています。もともと強制の意味のある徴用《ちょうよう》を、わざわざ「強制徴用」などと呼ぶのも、そこを強調するためです。

韓国の国内的にも、米国に「私たちは日本と戦っていました」とアピールするためにも、こうした設定が必要だったのでしょう。併合時代に少しでも出世した人は、戦後には「裏切り者、親日派」とされ、その子孫である人たちまで非難されているのは、そのためです。韓国では、ある程度の社会的地位がある人ほど、「親日派」と言われることを極端に恐れます。ですが、辻褄を合わせるための「反日」には無理があるので、矛盾が出てきます。

ノンゲの話も、大きな問題がありました。ノンゲが道連れにしたというその日本の武将が誰なのか、わからないのです。そこで、いつからか朝鮮出兵時代にその地域で活躍した日本の武将「毛谷村六助《けやむらろくすけ》」がその武将だ、ということになりました。『於于野談』にも、武将の名前は出てきません。どこからこの名前が出てきたのかからして、謎です。日本では、武将と呼ばれるほどの人なら、記録がちゃんと存在しています。長い間、文官中心社会だった韓国では、武将というと、逸話などが教科書に乗っている一部の超有名な武将以外は「下っ端」扱いです。どんな人がいたのか、名前やどこで生まれてどこで死んだのかなど、ほとんど注目されることがありません。ノンゲの話を作った、または広めたのが誰なのかはわかりませんが、適当に当時の晋州城を攻め落とした日本の武将の名前を出せば、本当かどうか確認する方法がないと思ったのでしょう。しかし、日本では武将に関する記録がちゃんと残っているし、毛谷村六助の死についても記録が残っています（病死との記録と、戦死したという記録）。このようにノンゲは矛盾だらけです。

そして時代は流れ、２０１１年5月28日、29日（記事掲載は30日）。慶尚南道の普州市では、約６００人の女子小学生たちに、「倭将人形」を抱いたまま１ｍ（記事によっては２ｍ）の高さの岩から地面（川のような青い色のマットレス）に飛び降りる「ノンゲ殉国体験」イベントが行われました。さすがに「自殺体験かよ」と父兄からの抗議がありましたが、大した問題にはなりませんでした。同年5月30日の『アジア経済』の記事を引用してみます。

〈慶尚南道晋州市が去る（※２０１１年5月）28、29日、子どもを対象にノンゲが倭将を抱きしめて川に飛び込む姿を再現した「ノンゲ殉国再現劇」を繰り広げ、議論が起きている。30日、ツイッター（※現Ｘエックス）などには「ノンゲイベントで女の子の投身体験」というタイトルの文が上がり、ネットユーザーたちの関心を集めた。共に上がってきた写真には、子どもたちが人形を抱きしめて投身するような姿が写っていた。この行事は去る28～29日普州城周辺で開催された「ノンゲ祭」行事の一部で、壬辰倭乱《じんしんわらん》（※朝鮮出兵）のときの三大蜂起として有名な普州蜂起の時、妓生（芸妓・キーセン）ノンゲが倭将を抱きしめて江に投身して倭将とともに殉国したことを再現した。週末両日午前10時から午後6時まで、約６００人余りの子どもがこの「ノンゲ殉国再現劇」に参加し、青いエアマットに身を投げた。しかし、このようなイベントのニュースに触れたネットユーザーたちは「子どもに投身自殺練習をさせているだけではないのか」との反応を見せている（『アジア経済』２０１1年5月30日『女学生たち人形を抱いて投身練習？　論介体験が論難』より）……〉

それからどうなったのかと言うと、この件は大して問題になりませんでした。普州市を中心とするローカルメディア『慶南（キョンナム）日報』も、一部メディアに本件が掲載された翌日（31日）に記事を出し、問題だとしたネットユーザーや一部メディアに「普州の情緒を知らないなら何も言うな」と、どこかで聞いたような単語を持ち出し、このイベントに文句を言うのはノンゲの忠節そのものを否定することだと主張しました。実際、ネットやSNSでは非難もあったそうですが、それほど問題にはなりませんでした。ソウル大学の曺国《チョグク》教授は、このようなイベントには反対すると主張していました。彼はかなり「反日」な人で、特にムン政権で反日政治家として悪名を轟かせました。そんな人でも、さすがにこのイベントにはちょっと「引いた」のでしょうか。

●日本人相手ならば何をしてもいい

日本相手だと「死ぬ」も「殺す」も美化されることが多く、もう随分前のことですが、まだ韓国にいた頃、私が少し休もうと車を停めた地方都市のある小学校の校門に、併合時代の独立運動家を広報するポスターが貼ってありました。「国家報勳処」というところで作ったもので、どうやら毎月独立運動家を一人ピックアップして、小学生たちに広報することにしているようでした。

韓国では、独立運動家を国家の英雄として宣伝していますが、実は韓国人に「独立運動家の名前、知っていますか?」と聞くと、教科書に載っているほどの有名な人(せいぜい数人)以外は、ほとんど「知らない」と答えるでしょう。しかもその有名な人も、多くが戦後、北朝鮮側に渡りました。臨時政府の軍隊とされる光復軍(実際に戦えるほどの戦力ではありませんでしたが、韓国では英雄視されています）の司令官など幹部も、戦後には北朝鮮に渡り、南側を潰すために朝鮮戦争開戦に関わった（開戦のためにソ連などを説得する外交活動を行った）りしました。そのためか、関係の薄い人でもとりあえず独立英雄だったと、後になって祀りあげることが多く、そのポスターもそうした「水増し」の一環ではなかっただろうか、と思われます。なにせ、私も韓国で大学まで卒業し、どちらかというと優等生扱いされた人間ですが、そのポスターの人物は初めて聞く名前でした。

とりあえず相手が日本なら何をしてもよい、どんなことでも差別にはならないと思っている韓国社会。イベント取り消しのニュースが気になって、当時、いろいろと調べてみましたが、本当に無数の案件が出てきました。それは、とても関係が改善したとは言えない雰囲気でした。政治家たちの話（政府の公式立場も含めて）は、また後でいろいろと紹介することになりますので、ここでは民間の話をもう少し紹介しましょう。本当に無数にあるので、2024年8月のものだけ、いくつかチョイスしてみました。

まず、釜山《プサン》のある中学校で、「契機授業（正規の授業ではなく、社会的に話題になっていることなどをテーマにした短い授業）」の時間に、ある動画を流して大騒ぎになりました。それは、ある韓国のＹｏｕＴｕｂｅｒが作ったもので、「併合時代、日本は朝鮮の食糧問題や医療問題などを解決するために力を注いでいた」とする内容の、写真など資料付きの動画です。全校生の数は、約７００人。彼らの親などが「なぜ『歪曲された』主張を子どもに見せるのか」と強く反発し、学校側は「ものごとには『別の見方』もあるという趣旨を教えたかった」としたものの、釜山市教育庁はこの学校についての追加の調査、および重い措置を下すと話しました（8月16日 ＳＢＳ『光復節前日全校生に見せた動画、学校がひっくりかえった』）。この担当教師は、授業や担任から排除されたとのことです。学校でＹｏｕＴｕｂｅの動画をそのまま流すというのは、たしかにどうだろう、とは思います。しかし、他に教材にできるものがなくてこうするしかなかったというなら、仕方がなかったのかもしれません。古い記事などから資料は手に入りはするものの、いまの中学生たちはそのままでは読めないでしょう。

8月12日には、韓神大学校（韓国の神学大学の一つ）の授業で、担当教授が「慰安婦の強制動員」について、韓国の見方に疑問を提起したことで騒ぎになりました。詳しくは確認できませんが、「社会調査方法」という側面からの話だと思われます。教授は、慰安婦が強制的に連行、徴用されたという証拠はないけれど、「売られた」という事実は確認できるとしながら、「自分たちの父親や叔父が売り飛ばしたということであり、食べていくのが大変だから慰安婦になり、代金も親などが前払いで受け取ったという記録があるのに、なぜ強制されたことになっているのか」とし、もし非難するなら当時の親などを非難すべきではないのか、という趣旨を話しました。案の定、授業を聞いた生徒たちが壁新聞でこのことを告発し、大騒ぎになりました。おそらく本書を書いている時点でまだ騒動の結果に関するニュースはありませんが、教授としての地位を維持するのは難しいでしょう。下手すれば、市民団体から告訴されます。

●「君が代」を流せば懲罰

日本で言えばＮＨＫのような立場にある韓国の公営放送『ＫＢＳ』でも、同じ案件がありました。これは、国会でも集中的に非難され、特に大きな騒ぎになりました。韓国では、日本の国歌がテレビ放送で流れただけでも、放送局側に放送審議委員会の懲戒が与えられます。なかには、「重懲戒（放送審議委員会の下す多くの措置の中で、法定制裁とされる

『警告』以上の懲戒のこと）」措置が下された場合もあります。国際スポーツ大会などは例外とされますが、それでも、各放送局はできる限り日本国歌が流れないようにしていて、オリンピックなどで日本人選手が金メダルを取ると表彰式は放送しない場合もあります。

もっとも近い事例では、2018年の平昌《ピョンチャン》冬季オリンピックでも同じことがありました。当時、地上波放送局『SBS』が女子マススタートの表彰式で、日本の高木菜那《なな》選手が金メダルを取った後、『君が代』が流れるシーンを放送して問題になりました。同じ表彰式を中継していた他の放送局は、日本の国歌が流れるシーンを放送していません。地上波放送局『MBC』は、『君が代』が流れ始めた瞬間、男子マススタート競技で金メダルを取った韓国選手イ・スンフンの競技場面を再放送しました。『KBS』は放送を中断し、広告を流しました。

当時、放送通信審議委員会には、『SBS』が『君が代』を放送したことで「審議すべきだ」とする抗議、苦情が集中し、結局審議となりました。ただ、放送通信審議委員会は「問題なし」としました。さすがに『君が代』は国際的に国歌と認められているし、同じ試合で韓国選手が銀メダルを取ったため、その放送のためにも仕方なかったという理由です。このように、いろいろ文句は言われますが、一応国際スポーツ大会では「仕方ない」とされています。同じく2016年のリオオリンピックの時にも、閉会式に次の開催国である日本の国歌が演奏されるシーンがありましたが、「なんで韓国の地上波放送に日本の国歌が流れるのか」と騒ぎになったものの、「仕方なかった」という結論になりました。

そういえば、2021年の東京オリンピックの時も、日本のオリンピックで日本国歌が歌われたことに、多くのメディアが「軍国主義への反省が足りない」、「オリンピック開催国としてやってはいけないこと」などとする記事を載せたりしました。たとえば、ケーブルテレビ局などメディア関連企業を多数持つ『ニューストマト』は、2021年7月28日の「古い日本から聞こえてくる警報音」というタイトルの記事で、「私たちよりも優れていた日本の経済、企業、文化が、私たちと対等もしくは劣ったレベルになった理由は、（2021年）東京オリンピックの開会式で、帝国主義の象徴である『君が代』が響いたことが示してくれる。政治権力の思考が、60～70年前よりさらに前の過去にとどまっているから、社会全般の能力が適切に発揮されず、停滞・後退したものである」と主張しました。同等がどうとかの主張はいったん措いておくとして、この記事が主張している「『君が代』が弱くなった理由」と「前は日本が韓国より優れていた」は、互いに矛盾しています。『君が代』はずっと前から国際大会で流れていたし、1964年（記事で「日本が優れていた」とした60年前）の東京オリンピックでも、それは変わりません。本当に何かの錯乱状態、混乱状態で書いているのではないか、そんな気がします。

これはオリンピックとは関係ありませんが、2024年8月15日の0時、つまり14日の深夜に、『KBS』がオペラ『蝶々夫人』を放送しました。オリジナルではなく、公演されたオペラの録画映像を放送したもので、当たり前ですが、着物などの日本の衣装や国歌が流れるシーンがあります。それもそのまま放送されました。そして例外なく、このことで多くの抗議が殺到し、またもや審議委員会が動きました。特に国会で大騒ぎになりましたが、これは『KBS』が公営放送だからという点もかかわっています。

韓国では大統領が『KBS』の社長を任命できるため、政権交代があれば『KBS』の報道スタンスも急に変わったりします。右派（保守）政権では保守寄りに、左派（進歩、リベラル）政権では左派寄りになります。ちょうどユン大統領が社長を任命した後、妙に親日寄りの番組が増えて、野党に「狙われた」側面もあります。なぜなら、親日案件ならば、右も左もなく叩けるからです。当時の記事を引用しましょう。

〈……放送通信審議委員会は、ＫＢＳが光復節に日本国歌と伝統衣装が出てくるオペラ『蝶々夫人』を放送し、議論になったことで、迅速に審議して重い懲戒を下す方針だ。18日、審議委員会によると、ＫＢＳ １ＴＶ「ＫＢＳ中継席」の15日放送に対し……19日、全体会議で該当プログラムを迅速審議案件に指定する予定だ。迅速審議案件に指定されれば、２週間後に審議することになり、委員会は前例により法定制裁以上の重懲戒をすることがわかった。委員会は２０１４年、外国人パネル出演者を紹介する過程で日本人が登場した時に『君が代』を背景音楽として論議になったＪＴＢＣ「非首脳会談」に対して法定制裁である警告を議決したことがある……２０１５年には海兵隊訓練に投入された出演者たちをナレーションで紹介する過程で、背景音楽で日本軍歌『軍艦行進曲』を放送したＭＢＣ ＴＶの番組『本当の男』についても、警告を決定した。これに先立ちＫＢＳ １ＴＶ、ＫＢＳ中継席は15日０時、今年６月29日「芸術の殿堂」で公演されたオペラ蝶々夫人の録画を放送した。この作品はアメリカ人将校と日本人女性の愛を描いたもの。二人の主人公の結婚式の場面では日本国歌が演奏され、女主人公は日本の伝統衣装であるキモノを着る（『聯合ニュース』８月18日『放送審議委員会、ＫＢＳ光復節君が代放映を迅速審議、重懲

戒の可能性』）……〉

『聯合ニュース』など各記事は「8月15日だから」という主張を取り上げていますが、実はこれ、日付の問題ではありません。これまで紹介した件に共通しますが、光復節がどうとかというのは、多少の名分を追加したいだけです。引用部分にもありますが、２０１４年、韓国のケーブルテレビ総合編成チャンネル『ＪＴＢＣ』の番組で、同じ問題がありました。韓国では首脳会談を頂上会談と言いますが、「頂上」と「正常」は韓国語で発音が同じなので、首脳でもないし正常でもないという意味で「非首脳会談」という、出演者たちがおジョーク交じりの対話を交わす番組です。テーマにもよりますが、基本的にバラエティ寄りで、政治や思想的にそう重く受け取るような内容を扱う番組ではありません。そして、日本人が出演する際、国際大会のような雰囲気を出すために（いわばジョークとして）日本の国歌を流したことがあります。その際、放送審議委員会は警告を議決しました。これは法定制裁として、かなり重い措置になります。これによって、「（国際大会以外で）日本の国歌を流すのは、法定制裁対象になる」ということが、前例として残るようになったわけです。

以上の流れから二つのことがわかります。まず、今回のような件は「日付（8月がどうとか）」の問題ではありません。また、国際大会でもないかぎり、韓国の地上波で日本の国歌を流すことは「重懲戒」です。ここまで書くと、「日韓関係について、何かの変化をもたらすための議論の準備」は何もできていないことを、十分に伝えられたと思います。そう、関係改善がなされたというユン政権になっても、何も変わっていません。

●ユン大統領の仮面

私は、本書でもそうですが、自著『尹錫悦大統領の仮面』やブログにおいて、ユン大統領の政策はしょせん政治的な目的でつけた「仮面」であると、そんなもので日韓関係が改善することはないと指摘してきました。私がユン大統領の苦労を一切認めないとか、反日路線が明確だった文在寅前大統領とまったく同じとか、そこまでは考えていません。辛口と全否定は別です。自分で言うのもなんですが。私もユンたん（ブログでよく使うユン大統領の愛称）が日本との関係をなんとかするため、その目的が政治的なものにすぎなかったとしても、大変な苦労をしただろうと思っています。政治的なものだからこそ、国内における反作用が強かっただろうという意味です。8月のユン政権が、まさにそんな状況下にありました。親日政権だとか、売国政権だとか、さんざん言われていました。ですが、ユン大統領を支持する側の人たち、たとえば一般的に保守メディアとされる側の記事などを見ると、逆に「なんで野党は親日フレーム（親日というレッテル貼り）にこだわるのか」としながらユン大統領を擁護しました。日韓関係は根本的に格上げされたし、それは日米韓の安保関連、たとえば2023年に米国のキャンプ・デービッドで開かれた三国首脳会議のような成果につながったと主張していました。日本でも似たような主張、日韓関係がたしかに改善されたという論調の記事や主張は、容易に見つけることが出来ます。しかし、本当に日米韓「安保」協力は、うまく進むのでしょうか。根本的に何かが「変わった」のでしょうか。それは違います。何も変わっていません。この部分もまた、ユン大統領なりにずいぶんと苦労しているだろうな、とは思います。

私は、少なくとも日本にとって、ユン大統領は仮面を被ったままの人だと思っています。大統領選挙の時には、反日の姿を演出しました。併合時代に民間イベントに爆弾を投げつけたテロリスト、ユン・ボンギルの記念館で大統領出馬を宣言したり、慰安婦（と自分で主張しているお婆さん）の前で跪《ひざまず》いて「かならず日本の謝罪を引き出してご覧にいれます」と誓うなどです。しかし、当選したらまた「別の仮面」を用意しました。その仮面を用意するために、彼が韓国内での非難を覚悟し、いくつかの政策を練ったことは、大変な苦労だったろうと思います。いわゆる朝鮮半島出身労働者（徴用工）問題において、第三者弁済案を策定したことなどがそうです。それは、決してその問題を解決できる案ではありません。すべての支払いは日韓請求権協定で完了したと言い切って、財団ではなく「政府」名義で賠償金を支払うならともかく、いまのように政府が隠れる形での第三者弁済は、何の解決にもなりません。ユン政権はこれを知っています。次の政権になれば、ひっくり返されることも、多分知っているでしょう。しかし、その時にはまたその時の仮面を用意するでしょう。「私たちは最善を尽くしたが、日本側が全然応じてくれなかった」などと。この部分は予想ですが。

このようなユン大統領のスタンスが、「日本に対していますぐ致命的に害を及ぼすのか」というと、そうではありません。彼は、いや彼「も」、決して日韓関係を根本から変えられる人物ではありません。「会って話してみる」が信念だと言われている岸田文雄前総理は、とりあえずなんとかしたというユン大統領を高く評価したかもしれませんが、どちらも根本的に日韓関係を変えることはできませんでした。そう、これが韓国社会の現状です。

このように私は、そもそもユン大統領が「相応の苦労はしているけど、実は日韓関係改善について本気で勤しんでいるわけではない」と見ていますが、百歩譲って、各マスコミで出てくるような「ユン政権は日韓関係改善のために頑張っている」ことを前提にするとしても、結果は何も変わりません。ユン政権の対日外交が、世論調査などにおいてどれくらい支持されているのかを見れば、すぐわかります。ご存知かと思いますが、韓国ではユン大統領の対日外交は必要以上の低姿勢だとされる意見が主流です（私からすると、岸田政権のほうが配慮しすぎでしたが）。『クッキーニュース』（2024年9月11日、調査はハンギルリサーチ2024年9月7日〜9日、記事のタイトルは「日韓外交」となっていますが、詳しくは「両国間の問題解決について」という調査結果データ）』に最新データがありましたので取り上げてみます。早めに結論から書きますと、「評価しない（うまくやっていない）」が62・4%でした。

評価する（うまくやっている）は32・9%。「評価しない」において、「まったく評価できない」が54・2%、「どちらかというと評価できない」が8・2%でした。ちょっと強烈ですね。「評価する」においては、「強く評価できる」が18・4％、「どちらかというと評価する」が14・5％。全年齢層、全地域において「評価しない」が大きくリードしており、唯一「70歳以上」と「大邱《テグ》・慶尚北道（韓国で保守支持がもっとも強い地域）」に限って、評価するとしないが誤差範囲だった、とのことです。最近、「（反日感情は）若い世代ではそうでもない」という話をよく聞きますが、20代で特に「評価しない」がもっとも高く出ています。これは日本関連の他の調査でも似たような傾向があり、20代が特に厳しい意見を出します。記事を引用してみましょう。

〈……国民10人のうち6人は、ユン政権の日韓関係問題解決に疑問を抱いていることがわかった。『クッキーニュース』が世論調査専門機関であるハンギルリサーチに依頼し、（※9月）7日から9日まで全国居住満18歳以上の男女1025人にユン政権の日韓関係問題解決に対する国民意見を尋ねた結果、「うまくできないでいる」回答が62・4％となった。「よくやっている」という応答は32・9％、「よく分からない、無応答」は4・7％だった。具体的に「まったくできていない」という回答が54・2％、「どちらかというとできていない」が8・2％で、相当な数がユン政権の問題解決を評価しなかった。「どちらかというとうまくやっている」は14・5％、「すごくよくやっている」は18・4％だった。年齢別には、40代（72・8％）がユン政府の関係改善努力をもっとも評価しなかった。70代以上を除いた全年齢帯で「評価しない」の方が多く、40代に続き18歳‐20代（70・1％）、50代（69・4％）、60代（63・4％）、30代（53・2％）、70代以上（40・4％）の順だった。70代以上は前年齢帯のうち唯一、評価する・しないが誤差範囲内で競合した。

地域別分析では、大邱・慶北以外の全地域が、ユン政権の改善努力を評価しなかった。湖南圏（※全羅道あたり、韓国で左側支持がもっとも強い地域）が81・4％で最も高かった。続いて仁川・京畿道（68・0％）、ソウル（63・9％）、江原・済州圏（61・1％）、忠清圏（54・8％）、釜山・蔚山・慶南（51・2％）の順で現れた。大邱・慶北は全地域の中で唯一、「評価する48・5％、しない48・1％」で誤差範囲内の競合を見せた。進歩（※左派支持）は81・9％「評価しない」、中道・保守はそれぞれ65・5％、49・2％が「評価しない」だった（『クッキーニュース』9月11日「国民が見たユン日本外交成績表、『よくない』62・4％」より）……〉

もともと「保守だから、無条件で保守支持」という流れはありましたが、ムン政権のときから、「対日外交」が保守支持か、そうでないかを分ける一つの基準になりました。ムン政権のような外交路線を支持すると左支持、そうでないと右支持という、すごく「浅い」、そして曖昧な基準が出来てしまったわけです。新しく出来たというより、前からあった基準が強化されたとでも言いましょうか。ムン政権の次となるユン政権ではこの流れが特に強く、保守支持なら「とりあえず保守政権の対日外交を支持」という認識があります。そうした認識があるにもかかわらず、保守からも逆風が強い結果になったというのは……実際は、ユン政権の対日外交への反発は70％を超えていると見てもいいのではないでしょうか。

●若い世代ほど「反日」という現実

特に、日本関連の各種案件（福島第一原発処理水、慰安婦問題、日本海表記など代表的な反日案件）において、若い世代の反日が目立っています。韓国の保守系ネットメディアで、韓国のメディアにしては破格なほど日本を擁護する記事も多い『ペンアンドマイク』が、韓国の大学生たちを対象に「安保意識」についての世論調査を紹介しています（２０

２４年９月17日「ＲＮＲ世論調査分析その２」）。安保関連なので、どうしても調査そのものが多少は「右寄り」になっている気もしますが、そこは仕方がないでしょう。この調査には、米国、北朝鮮、中国、日本などについて、どのように評価しているかを調べた項目があり、そこを取り上げてみます。

まず、調査の概要ですが、世論調査機関「リサーチ&リサーチ（ＲＮＲ）」が、韓国軍事問題研究院というシンクタンクの依頼で全国大学生男女１０２４人を対象に、２０２４年７月20~25日にオンラインで調査をした結果です。まず結論とも言えるのが、「周辺の強大国の中で、10年後の安保にもっともリスクになるのはどの国だと思いますか」という設問に、大学生は圧倒的に「北朝鮮」と答えました。北朝鮮（47・０％）、中国（34・６％）、日本（８・１％）、アメリカ（７・３％）、ロシア（３・０％）の順です。支持政党別に明確に分かれていて、共に民主党と祖国革新党（チョ・グク氏の政党）支持者は、他の政党支持者より「日本」とする人が多く、新しい政党でも改革新党支持者は（あまり影響力が強い政党とは思えませんが）、むしろ北朝鮮（32・９％）より中国（54・３％）と答えた人が多かったとのことです。

ちなみに、この調査結果は「米国への感謝を忘れてはならない」に70％以上が同意しているなど、保守寄りの調査であることがすぐにわかります。その上で日本関連をもう少し具体的に見てみると、韓国社会で起きる日本関連議論でもっとも一般的な「韓国の経済発展は日本の助けを借りて可能だった」という設問。この設問に「同意」した大学生たちは24・4％だけでした。「同意しない」は63・6％。「少女像（※韓国の市民団体が各国に建設している慰安婦像）は、よりたくさん建てなければならない」に、同意は74・6％、同意しないは17・4％でした。「日本とは同伴者としての関係を持続しなければならない」には同意が51・7％、同意しない24・4％でした。ただ、これには「わからない」が23・9％もあったそうです。

「経済発展」といわゆる「同伴者関係」に「同意」が思ったより多いな……と思われるかもしれませんが、こうした設問は、「政治的なもの」とされている点を考える必要があります。「本当にそう思っているのか」というより、「支持政党」によるところが大きいという意味です。特に経済発展などは、共に民主党など左側が、保守側の人事などでこの内容を論拠に強く反発しているので（前に似たような発言をしたことを掘り返すなど）、右左どちらを支持するかで、「とりあえず」決まった方向に答える人が多いわけです。

面白いのは、「日本社会と中国社会のうち、韓国社会はどちらにもっと似ていくべきか」という質問がありました。「できれば日本社会と似ていかなければならない」が81・3％、「できれば中国社会と似ていかなければならない」が18・7％。先ほども書きましたが、「日本に文句を言うのは義務、日本旅行を楽しむのは権利」と考えている人が多いからでしょうか。

●日本は「ミンペ＝迷惑をかける」国である

もう一つだけ、個人的に「若い人たち」と聞くと、どうしても福島第一原発の処理水を思い出します。若い人ほど、その処理水に嫌悪感をあらわにし、日本を「ミンペ（民弊、他人に迷惑をかける）国家」とします。しかし、彼らは借金をしてでも日本に来て、普通に寿司を食べています。

この処理水関連を巡って、韓国内でどういった雰囲気になっているのかと言えば、「無数に検査したものの、これといった異常は検出されませんでした。でも国民は『信じられない』」というスタンスです。なんと政府・自治体など公的機関の検査だけで、4万40

00回の調査・検査に、公式発表で1兆6000億ウォン（記事によっては1兆5000億ウォン）という大金を使いました。日本円にして約1600億円。もちろん、すべてのデータにおいて、何の問題もありませんでした。ちなみに、K-POPの海外での売上高（2023年）が約1兆2300億ウォンでした。

『朝鮮日報』（2024年8月12日「4万回検査しても放射能超過ゼロ、福島怪談に政府は1兆5000億ウォンを使った」より）は、基準値未満という表現そのものが適切でないのではないか、としています。水産物関連検査の99・8％において、その放射能濃度数値が低過ぎたため、検査機器に「数値そのもの」が出てこなかったのだそうです。約1％の検査で数字は出たけど、それも基準値の50分の1レベルだった、とも。1年ほど前に各メディアが大騒ぎしていたトリチウムについても、『朝鮮日報』は「10年分で考えても国内の川の数値と変わらない」としています。

にもかかわらず、韓国、ロシアなど一部の国では、まだ水産物輸入関連の措置が続いています。中国はやっと段階的な解除にかかりました。一方、韓国の国会などでは、いまさら海洋水産部に「なぜ、こんなに予算を使ったのか」との指摘で溢れています。いままで韓国の国会、メディア、世論がどれだけ日本を非難し、徹底的に調べるべきだと騒いできたことか。ものすごい手のひら返しです。東京オリンピックの時、放射能がどうとかと言いながら弁当を用意していたことを、もう忘れたのでしょうか。そんな記事を追ってきた一人として、笑うしかなくて笑えません。今年の関連予算は、ずいぶん減ったとのことです。しかし、まだまだ世論調査では反対世論が圧倒的に強く、数値やデータ、つまり科学とはまったく別の動きだけが続いています。(問題ないと発表した)ユン政権に対しても、もっと強い対応を求める人が多い、とも。ふたつの記事を引用します。

〈……日本政府が、1年間行ってきた福島第一原子力発電処理水の海洋放流が「人と環境に影響がないことを確認した」と明らかにした、と読売新聞が8日報道した。日本環境省は放流1年を迎え、6日に開かれた専門家会議にこのような内容を報告した。環境省など日本中央政府と地方自治体、東京電力は昨年8月、放流開始以後1年間、原発周辺の海水と魚介類を定期的に採取して放射性物質濃度を分析した結果、影響がないことが確認されたと明らかにした。1年間、放射性物質である三重水素(トリチウム)濃度はLあたり最大5ベクレル(Bq)で、世界保健機構(WHO)が提示した飲料水質ガイド上の三重水素濃度基準値(1万Bq/L)を大きく下回った。他の放射性物質も検出下限値未満であると調査された（『聯合ニュース』２０２４年〇月〇日「日本政府、福島汚染水放流1年……『人体・環境への影響無かった』」より）……〉

〈……環境運動連合は23日、ソウルで開かれた記者会見で、15日から4日間、全国満18歳以上１０００人を対象に行った処理水関連国民世論調査結果を発表した。調査結果によると、放流の1年が過ぎたが、回答者の76・2％は依然として反対していることがわかった。反対回答のうち「強く反対」するという回答が3分の2の65・5％だった。一方、賛成回答は21・1％にとどまった。……また回答者の73・6％は「放流が科学的に問題ない」とするユン政権の立場にも「同意できない」とした。「同意する」という回答は25・3％だった……韓国政府の全般的な対応（※8月22日、韓国政府もデータを公開し、問題ないと発表しました）に対しても「間違っている」という回答が73・6％となった。国際基準に合わせて管理され、問題ないという日本政府とＩＡＥＡ（国際原子力機関）の主張を、信頼しないという応答が73・5％に達した（『プレシアン』２０２４年8月30日「国民10人の7人、ユン政権の日本汚染水対策に『うまく対処できないでいる』」より）……〉

ちなみに、水産物関連措置についても賛成する人が65・2％と高く、特に20代（73・2％）と40代（73・3％）で高かった、とのことです。「若い人は日本に親しみを〜〜」という話をよく聞きますが、もちろん案件にもよるでしょうけれど、実際はこんなところです。日本旅行に来ると、彼らは何のためらいもなく寿司を食べるでしょうが、内心はこう思っているのかもしれません。「反対するのは義務で寿司を食べるのは権利だから、両立してもいい」と。

2024年11月、ユン大統領の支持率がついに10％台まで下がりました。韓国の『ギャラップ社』の調査で19％、『文化日報』の調査で17％です。特に前者の場合、40代の支持率が9％となっていて、ある意味、驚異的です。もっとも大きな理由は、大統領夫人の金《キム》建希《ゴンヒ》女史が特定会社の株価操作に関わっているとか、大統領と一緒に公薦（政党の候補公認）に関わったとか、そんなところです。たしかに問題と言えば問題ですが、ここまで大きく騒がれることなのか（確実な証拠があるのか、明らかに違法なことなのか、などの側面で）、ちょっと疑問です。最近の韓国はものすごい不景気なので、経済問題で支持率が下がるならまだわかりますが。いかにも「相手に必要以上の無謬《むびゅう》さを要求する」韓国ならでは、といったところです。

同じく『ギャラップ社』のいままでのデータでは、韓国で大統領支持率が20％を下回ったのは、李明博《イミョンバク》元大統領任期末期（２０１２年7～8月）の3週間、朴槿恵《パククネ》元大統領が弾劾された、いわゆる国政壟断《ろうだん》事態の頃（２０１６年10月～）だけです。韓国では高齢層が保守支持で有名ですが、もうそれも70代以上の話。年齢別では60代の支持率が24％、70代以上の支持率は41％。50代17％、18～29歳14％、30代11％、40代はなんと9％です。ユン大統領を支持しない理由の中で1位は「金建《キムゴン》希女史問題（17％）」で、「経済・民生・物価」は14％で2位でした。もっとも保守勢力が強いとされる大邱・慶尚北道でも、支持率は18％止まりで、これはかなりの事態です。もはや保守層からも支持が得られなくなったユン大統領。しかも、韓国の大統領は単任制度（同じ人が二回大統領になることはできない）で、次はまた政権交代の可能性が大きくなっています。こんな中で、政治の安定を期待するのは無理でしょう。せめて、日米韓安保協力において、安保面だけでも日本との協力を強化できればいいのですが、それも「たかが大統領ごとき」には無理です。

●「反日」＝「愛国」

2024年8月から10月まで、韓国の雇用労働部長官（日本でいうと、厚生労働大臣）である金文洙《キムムンス》氏の「国籍」発言が大きな話題になりました。韓国では、誰かが長官に任命されると、「親日行跡探し」が始まります。前に、日本に有利な発言や論文などを残していないか、できる限り掘り返して、問題にするためです。キム長官の場合、過去に「併合時代、私たちの先祖の国籍は日本だった」と話したことが明らかになり、大きな騒ぎになりました。候補だった頃から騒ぎになり、それから長官にはなれたものの、議論はいまでも続いています。この発言がなぜ問題なのかと言うと、「国籍が日本」というのは、国が日本国だった、または朝鮮半島に正式な政府機能を果たす組織があったことを意味します。これに対して「併合などなく、強制占領だった。すなわち日本の統治はすべてが違法で、私たちには臨時政府という亡命政府があったので、国籍も日本ではなかった」というのが、絶対多数の反応でした。

キム長官は、この発言がなぜ問題になるのかわからないとし、謝罪も拒否しました。国政監査（国会議員たちが各行政組織を監査すること）で、「国籍発言を謝罪せよ」と言われ、それを拒否、国政監査から退場させられたこともあります。韓国では、これは「臨時政府の法統を継承するとした憲法前文を否定していること」となります。ただ、キム長官は「国を無理やり奪われたことは事実」などと追加でいろいろ話してなんとか長官に就任、それからも「私のご先祖さまは壬辰倭乱（豊臣秀吉の朝鮮出兵）のときに義兵となって日本軍と戦った」などと、後始末に追われました。

このように、韓国では些細なこと、資料で裏付けされているもの（長官は「国籍についてどう書かれているのか当時の戸籍でも見てみろ」と話したことがあります）でも、「韓国」というアイデンティティーを肯定することと、「日本」のアイデンティティーを否定することが表裏一体になっています。私は以前から、韓国で「反日」と「愛国」がそのまま同じ意味になってしまったと本やブログなどで書いてきましたが、同じ現象と言えるでしょう。1980年代まで北朝鮮を憎むことが自国を愛することだと教えられてきた韓国の人たちが、いまは日本を憎むことが自国を愛することだと思うようになったのだから、皮肉なものです。これは、2000年代になってから執権した韓国の左派勢力が仕掛けた、ある種のカウンターパンチでもあります。国家としてみると朝鮮戦争などで明らかに韓国の敵である北朝鮮。韓国の憲法上は、国土（朝鮮半島と付属した島々）の約半分を違法占領している北朝鮮。しかし、民族主義思想を重要視する左派勢力は、そんな北朝鮮を「同じ民族」とし、「日本という加害者による、私たちと同じ被害者」にしました。もともと大学など教育関連で勢力を育ててきたこともあり、教育行政で左派勢力は影響力を強め、ちょうど普及したインターネットを通じて、「敵は北朝鮮ではなく日本」という考えを一気に全国に広めました。

そこから反日思想は急速に「反共」を代替していきます。こうした流れにおいて、韓国が「朝鮮末期、併合時代を経て、１９４８年に出来た『国』」という定義は、反日思想と矛盾するようになります。そこの辻褄を合わせるため、「北と南はずっと前から一つの民族として存在し、分断されたのは日本が朝鮮半島を違法的に支配してからだ」とするのが、「北朝鮮と韓国は同じ民族、同じ被害者」とする絶対条件の一つであり、また、多くの韓国人がこの見解を支持しているのが現状です。こうした社会的背景を踏まえると、「併合時代の国籍」を論ずるのは、たしかにタブーでしょう。事実がどうだったかなど、二の次なのです。

●自衛隊は韓国には立ち入り禁止

その延長線上にある話として、「たとえ有事の際でも、日本軍（一部の韓国メディアや知識人たちは、自衛隊のことをこう呼びます）は、朝鮮半島および韓国軍作戦区域に入ってはならない」という政府方針があります。信用できないという意味です。観艦式など一部の国際イベントだけは例外ですが、1997年からこの方針が変わったことはありません。1997年、日米防衛協力のための指針が改正された時、韓国政府は公式に「日本の朝鮮半島内での作戦活動を認めない（朝鮮半島の外で米軍へ後方支援することだけを認める）」とし、これを米国・日本側に伝達しました。当時の記事を見てみると、その概要がよくわかります。

〈……政府は、日米防衛協力指針改正作業に関連して、朝鮮半島有事の際、日本自衛隊が韓国領域内で戦闘行為をすることは許さず、日本の役割は駐日米軍に対する後方支援に限定されなければならないという原則を定め、今月中に日米に伝える。政府はまた、韓国周辺水域での機雷除去作業や、経済制裁に伴う船舶検査および在韓日本人輸送のための輸送手段派遣の際にも、韓国政府と事前協議しなければならないという意も共に伝達することにした。政府は今回の作業で最も敏感な部分である日本軍の朝鮮半島進出問題と関連して、いかなる場合でも、日本自衛隊が我が領域（領土・領空・領海）の中で戦闘行為をすることは認められず、日本の活動は原則として日本領域に限られなければならないという立場を定めたことがわかった。政府はただ、朝鮮半島有事時には円滑な韓米共同軍事作戦のために日本が駐日米軍に対して、弾薬などの武器を除外した物品の普及と輸送を引き受けることには賛成するという立場を定めた。政府は、しかし、普及物品の引渡や船舶関連作業の場合にも、韓国の領域内では禁止とし、韓国側の要請や同意がある場合のみ、許可するという原則を定めた（『ハンギョレ新聞』１９９7年8月18日「有事の際、日本自衛隊韓国領内戦闘不可」より）……〉

当時はそれでも「戦闘」関連でしたが、それから「進入」禁止が強調され、２０１４年7月9日の『聯合ニュース』に掲載された「政府、有事の際、ＫＴＯで日本の集団的自衛権禁止」という記事を読んでみると、韓国政府は「韓米連合司令官が設定する韓米連合作戦区域（ＫＴＯ、Korea Theater of Operation）内であっても、私たちの要請がなければ、日本が集団自衛権を行使することを容認しないという立場だ」とのことです。日米側にもそう通知した、とも。2022年12月5日『KBS』の「外交次官（※外務副大臣）、日本の敵基地攻撃能力と関連し、現状変更なら私たちの同意が必要」という記事によると、「平和憲法に関わる内容なら韓国政府の許可が必要だ」という発言（国会での公式発言）もありました。単に「進入」だけではなく、「同意または許可」が必要な範囲がものすごく広いということが、この発言からよくわかります。一部の軍事専門家は、「北朝鮮がミサイルを撃つと数分で日本まで届くのに、日本が韓国の同意を得るなんて考えられない」と指摘したりしましたが、1997年以来、この政府立場が変わったことはありません。「有事の際という緊急事態なら、米軍のこともあるし自衛隊の朝鮮半島進入も『あり』ではないのか」と普通のことを話した政治家たちは、袋叩きにされました。たとえば2015年、国務総理（首相にあたる大統領の補佐官）だった黄教安《ファンギョアン》氏が、「有事の際、自衛隊の朝鮮半島進入と関連し、韓国と日本が協議し、その必要が認められるなら、日本自衛隊を受け入れるべきだ」と話したことがあります。米国が自衛隊の派遣を要請するなら、拒否することはできないという趣旨で話した内容で、ファン総理は「韓国政府の事前同意がなければ、日本の自衛隊の入国を許さないことが、政府の基本的な立場」とも話しましたが、それでも、かなりの騒ぎになりました。国務総理は親日派か、どこの国の総理だ、などと批判が殺到しました。2020年4月、ファン氏は国会議員選挙に出馬しましたが、この時の発言が「親日」とされて市民団体による落選運動が展開され、結局落選しました。

ユン政権でも同様で、2024年8月27日、国防部次官（国防省副大臣）が国会で質疑応答しながら、「日本との物品役務相互提供協定（ACSA）の締結（すべきだという意見）に同意するか」との質問に、午前中は「それは必要だ」と答えたものの、午後には「政府レベルでは同意せず、まったく検討もしていない」と手のひらを返しました。なぜ午前と午後でここまで話が違うのか。それは、ACSAは軍需物資になるので、自衛隊が朝鮮半島に入ることになるからです。このような状況下で、日米韓安保協力が強くなったと言われているから、もう何が何やらわかりません。

以上、どこをどう見ても、日韓関係に改善や変化が現れている、または変化のための土台が出来ているとは、私は到底思えません。少なくとも韓国政府が、そして韓国社会が、「日本」という存在について何かを変えようとする意志は、まったく感じられません。これが、私なりの結論です。

第四章　弱気すぎる日本

●なぜ韓国をホワイトリストに復帰させたのか

次に先ほど「長くなりますから後にします」としていた案件をひとつ、ここで取り上げます。半導体関連です。ちょうど今年11月のアメリカの大統領選挙で、ドナルド・トランプ氏が再び大統領に返り咲きました。トランプ氏の政策に不安を抱いている国は他にも多い（というか、不安でない国はほぼない）でしょうけれど、金額基準で半導体輸出の50％以上を中国に依存している韓国としては、特に気まずい結果だと言えます。

数年前に大きな話題になっていた「半導体核心素材の輸出過程厳格化」の解除。厳格化と言っても、各種手続きが免除されていた「ホワイトリスト（手続き免除など優遇国）」から韓国を外しただけで、別に他の国と同じになっただけでしたが、岸田政権は日韓関係改善ということで、この措置を解除し、韓国を再びホワイトリストに復帰させました。同じ貿易関連では、韓国側のユン大統領は「政権が変わっても日本からの水産物輸入は強固に続ける」と標榜《ひょうぼう》しながらも、韓国近海の調査を徹底する「支持率稼ぎ」をしていました。

韓国のホワイトリストへの復帰に関して、日本は同じ措置（ホワイトリストからの除外）をいつでもまた取れるという見解もありますが、そう簡単なものではありません。岸田前首相は任期終了前の9月にわざわざ韓国を訪問し、「首脳が変わっても日韓関係改善の流れは変わらない」と釘を刺しました。韓国が経済安保関連で「よほどのこと」をして、その証拠がたしかであるような事態にならない限り、韓国を再び外すことは難しいでしょう。

個人的には、日本はこの除外措置を拡大・強化まではせずとも、続けるべきだったと思っています。「これ以上はしないが、監視を緩める気もないぞ」というスタンスは維持すべきでした。それに、別にホワイトリストから除外したからといって、貿易が止まるわけではなく（手続きが面倒になるだけで、申請すれば該当品目も貿易可能）、日本が損をしたわけでもありません。一部では、この除外措置で日本側が損をしたという話も出ているようですが、企業レベルでそうしたことがあったとしても、韓国の対日本貿易収支を調べてみると、そうも言えません。

２０１８年「−24,075,169（※以下『千ドル』）」、２０１９年「−19,169,640」、２０２０年「−20,925,384」、２０２１年「−24,580,359」、２０２２年「−24,105,517」、２０２３年

「−18,655,852」で、そこまで変わっていません。2023年・2024年に対日本貿易収支赤字が減少したことは（2024年統計は本校執筆時点ではまだ出ていませんが、2023年と似たような推移です）、歴代級と言われた円安の影響が強く、また、半導体輸出・自動車輸出以外では、韓国の経済が元気がなかったからだと思われます。すなわち、あのホワイトリストから韓国を外した措置は、両国にとってそこまでリスクのあるものではありませんでした。むしろ、経済安保としての側面において、日本は韓国を「ちゃんとモニタリングしている（書類提出などで）」という多少の圧迫を仕掛けられる、よい措置でした。政権交代で外交の方向性そのものが根こそぎ変わってしまう韓国の特徴からしても、です。その措置を簡単に取り下げてしまったことは、いま思っても実に残念です。

●日本とは正反対な米国の対応

その一方で、米国が経済安保措置において、韓国をホワイトリスト（この場合、許可審査免除国家）に入れなかったのは、実に興味深いところです。2024年9月、米国は中国、ロシアなどを牽制するための新しい輸出関連措置（Implemented Export Controls、

ＩＥＣ）を発表しました。それぞれの品目、たとえば先端半導体関連のもの、３Ｄプリンティング関連など24の品目において、各国は輸出する際にアメリカに許可を申請しなければなりません。ただ、中国やロシアなどに対して米国と同様の措置を取っている国の場合、この許可申請が免除される、いわばホワイトリストが存在することになりました。

この措置はグループ別に分けられていて、他にも「申請しても許可しない方針で審査するグループ」、「許可する方針で審査するグループ」などいろいろあります。この申請免除国家に日本、オーストラリア、イギリス、ドイツなどが入っています。といっても、ひとつの国家がすべての品目で免除されるわけではありません。それぞれ得意とする部門が違うし、関連した輸出統制措置も違うからです。詳しいリストは、米国ＢＩＳ（Bureau of Industry & Security）の２０２４年10月５日リリース「Department of Commerce Implements Controls on Quantum Computing and Other Advanced Technologies Alongside International Partners」から確認できます。ネットで検索すればすぐヒットしますが、品目が米国商務省のリストの分類に使われるＥＣＣＮ番号になっていて、読みづらくなっています。たとえば、日本が今回免除措置となった３Ｂ００１で始まるもの（c.1.c、c.1.a）は半導体製造に使われるものなどです。そして、その免除国家リストに韓国は入っていません。

〈……米国政府が5日（現地時間）、量子コンピュータと次世代半導体などの安保と直結する最先端技術に対する新たな輸出措置案を設けると明らかにした。事実上、中国に未来産業の核心として挙げられる先端技術を輸出できないようにする方案であると解釈される。米国商務省産業安全保障局（ＢＩＳ）はこの日、報道資料を通じて、量子コンピューティング、先端半導体製造などの核心新興技術を輸出関連措置対象に指定する臨時最終規則（ＩＦＲ）を発表した。対象には、量子コンピュータ関連機器と部品、材料、ソフトウェア、関連技術全般が含まれた。また、先端半導体機器の生産に必要な機械とそれを生産できる3Dプリント技術も制御対象になった。

アラン・エステベス産業安保次官は「先端技術に対する米国の政策に合わせると、私たちはそのような技術による私たちの集団安全保障が強くなる」と明らかにした。事実上、中国とロシアを意識した措置という意味だ。ＢＩＳは、特に米国と同様の水準の関連措置を導入した国家に対しては、米国政府の別途許可なく関連機器と技術を輸出できるようにした。オーストラリア、ドイツ、カナダ、フランス、イタリア、日本、スペイン、英国などが別途の許可なく関連技術を輸出できる対象国に含まれ、中国とロシアなどは申請をしても許可しないグループに分類された。韓国は許可免除対象には含まれていないが、米国政府に輸出許可を申請すれば発行してくれるグループに属しており、当面実質的な影響は大きくないと見込まれる（『中央日報』9月6日「米、量子コンピューティングなど輸出統制強化の方針……許可免除国に韓国は入れ」より）……〉

韓国は、一応「許可を前提にしての審査になる」グループには入っていますが、当時、『中央日報』だけでなく韓国各メディアはこの件を大きく取り上げました。韓国では、ユン政権は「完全に米国側に舵を切った」とされています。こんなにも一方的に米国側に舵を切っても大丈夫なのか、中国との関係は大丈夫なのか、国益に反するものではないか、そんな論調が主流です。韓国メディアの各記事には、「おかしい（米国側にそんなに協力したのに、なんでホワイトリストに入ってないのか）」という論調が垣間見えました。

●「経済」と「安保」の駆け引き

この件、日本ではほとんど報じられず、韓国でも結局は「大した問題ではない」というレベルで終わりました。しかし、個人的には、この後の台湾と韓国の反応も含めて、大変興味深いことだと思いました。

この後も米国は韓国を名指ししながら、この件を強調しました。BISの公表からわずか5日後、現地時間で9月10日（韓国メディアの記事は11日）の『韓国日報』によると、ワシントンで開かれた米国・韓国の経済安保関連カンファレンスで、米国商務省のエステベス次官が「HBMを作る韓国メーカーが2社ある」、「その協力に感謝する」、「HBMは（中国ではなく）米国とその同盟国のために作るべきものだ」、「韓国も近いうちに同じような措置を発表すると期待している」などと話しました。もともと二国間の会議だったこともあり、いままでよりダイレクトな表現です。

〈……人工知能（AI）核心半導体を中国に供給しないようにするための、米国の圧迫が大きくなる兆しを見せている。米国の対中国輸出関連措置に韓国も参加すべきとの要求の範囲が、先端技術分野に広がっている。アラン・エステベス米国商務省産業安保次官は10日（現地時間）ワシントンで貿易安保管理院が開いた韓米経済安全保障カンファレンスに参加し、米国と同盟の安保のため、中国が先端技術を確保できないようにしなければならないとし、広帯域メモリー（ＨＢＭ）に言及した。ＨＢＭは複数のＤＲＡＭを垂直に積み上げて作られた高性能メモリで、ＡＩの根幹であるグラフィック処理装置（ＧＰＵ）に入る。全世界のＨＢＭ市場をＳＫハイニックスとサムスン電子、米国企業のミクロンテクノロジーがリードしているが、ＨＢＭの中国輸出を制御するために米国は韓国など同盟と協議中だと、海外メディアは最近報道していた……エステベス次官は「世界にＨＢＭを作る企業が3カ所あるが、そのうち2カ所が韓国企業」と強調した後、「その力量を私たち自身と私たち同盟国の必要のために開発して使用できるようにすることが重要だ。その部分で韓国との協力に感謝する」と話した。韓国政府は慎重なスタンスだ。チョン・インギョ産業通商資源部通常交渉本部長はこの日の行事に出席した後、取材陣の質問に「米国側もまだ何も確定していない状態なので、私たちが何かを話すことができない」とし、「関連当局の間では、そのような問題について、米国が私たちに協議を要請している」と話した。ただし「私たちにあまりにも影響が大きい」と憂慮した（『韓国日報』9月11日「中国で

はなく同盟国のために半導体を供給しろと、米国、AI半導体でも韓国を圧迫』」より）
……〉

各メディアは「大きな問題ではない」としているのに、直接取材した『韓国日報』の記事で長官（大臣）が「あまりにも影響が大きすぎる」と話したのは、気になる点です。このカンファレンスを取材した記事は他にも複数のメディアで出ていますが、このチョン長官の言葉を紹介しているのは、本記事だけです。サムスン電子は売上全体の3割を中国で上げていますが、その3割のさらに約9割は、半導体によるものだと言われています（『朝鮮日報』8月27日「追加制裁恐れる中国、韓国半導体41兆ウォン買いだめ」より）。半導体輸出全体の3割は中国だ、とも。この話になるといつも思い出すのが、2023年1月5日の『韓国日報』の「中国から離れろという米国、失うものが大きすぎるという企業……同盟のジレンマ」という記事です。

記事は「各企業は、中国から離れるのが難しい」と簡潔にまとめながら、サムスン電子は中国西安工場で全体NANDの40％を、SKハイニックスは無錫《むしゃく》と大連《だいれん》でDRAMの50％とNANDの30％を生産しているとし、大韓商工会議所の資料を引用して「半導体輸出において中国が占める割合は昨年39・7％で、2000年（3・2％）から12倍以上成長した」としています。いまもなお、3割以上は中国に向かうとされており、中国にあるサムスン電子の工場とSKハイニックスの工場は、それぞれ絶賛稼働中です。サムスン電子のNANDフラッシュにおいて、中国西安工場の生産割合は2021年29％、2022年36％、2023年37％と着実に上昇し、今年は40％を記録する見込みです。同期間のSKハイニックスのDRAMにおける中国工場生産比重は49％、47％、42％と若干下がっていますが、今年も40％は上回るだろうと予想されています（『SBS』9月24日「半導体原資材中国産が更に増え、現地生産も増加」より）。

HBMなどの割合はまだ高くないとされていますが、これからの展開を考えると、やはり少なくとも経済安保という領域においては、韓国が米国と足並みを揃えるのは容易ではありません。ですから、ユン政権はどうしても「経済」と「安保」を別にしようと頑張っており、そのために「安保」領域に中国やロシアではなく、北朝鮮を持ち出します。そうすることで、「安保」では米国（北朝鮮問題など）との協力をアピールし、経済安保において「経済（中国）」と「安保（米国）」に分離できると思っているわけです。

●米国と中国の間で揺れる韓国

先ほど「完全に舵を切った」などの韓国メディアの表現を紹介しましたが、実際は、ユン政権は米国とそこまで足並みを揃えていません。前任のムン大統領に比べるとはるかにマシかもしれませんが、韓国が取っている安保関連政策は、あくまで対北朝鮮用のものです。決して中国、ロシアを念頭に置いたものではありません。日米と軍事演習などを一緒にしたというニュースが多く、日米韓安保協力について積極的だと言われていますが、実はそれらほとんどが、北朝鮮のミサイル探知など「対北朝鮮用」です。ちなみに、日米韓軍事協力については、後で「国家観」について書きながら詳しく取り上げますので、ここでは一言だけ触れますが、韓国における日米韓協力は明らかに限界があります。「自衛隊の朝鮮半島進入」を国家レベルで拒否しているからです。

もはや経済と安保が別のものではなく、「経済安保」という領域でひとつになっている時代。この時代において、ユン政権がどんな政策を出しているのかと言えば、自由貿易主義やＦＴＡ拡大、ＷＴＯ機能回復などを国家政策としています。そこには中国とのＦＴＡ

強化（いまもFTAを結んではいますが、それを強化する案）や日中韓FTAも含まれており、これだけ見ても、ユン政権が経済安保を「経済と安保を並べて書いただけのもの」と思っている、いや、そういうことにしようとしているのが、すぐわかります。ちなみに「自由貿易主義」というのは、米国など自由民主主義陣営が対中国貿易関連措置を下していることに対し、中国側が「反論」としてよく使うフレーズです。北朝鮮が「朝鮮半島の非核化」と言いつつ、実は在韓米軍の撤収（核を使うリスクを減らす）を目的としているのと同じく、それっぽいフレーズで誤魔化そうとしているわけです。

2024年8月23日、韓国政府（産業通商資源部）は国会国務会議で通商政策ロードマップを発表しました。「自由貿易体制の確立とともに、新しい通商ルールの定立を主導していく」という、表面的にはご立派な政策です。半導体などいわゆる経済安保において、グローバルサプライチェーンの再編が行われている昨今。多国間貿易、自由貿易を再び確立し、その新しいルール作り、WTOの機能回復などにおいて、韓国が主導的な役割を果たしていくと、『ニュース1』など複数のメディアが報じています。

ユン大統領は「グローバル中枢国家」というフレーズをよく用いますが、今回もこれこそがグローバル中枢国家になる道である、としています。日本とは異なり、韓国経済は貿易がすべてを決めると言っても過言ではありません。中国との関係を考えると、韓国内にこのような主張があるのはわかります。しかし、政府レベルで発表するようなものでしょうか。なにせ日米だけでなく世界がサプライチェーン再編という大きな流れの中にあり、それに合わせて各国の政策はすでに決まっています。しかも、なぜこのタイミングで、という気もします。先ほども書きましたが、この自由貿易という言葉は、中国側が「米国への反論」としてよく持ち出すフレーズです。２０２４年5月に韓国で開かれた日中韓首脳会談においても、中国側はこの件を強く主張しました。そして、中国側が中心になって、この自由貿易関連の話は共同声明にも入りました。多国間の貿易体制を支持すると再確認する、という内容です（どこの国も、実際はサプライチェーン再編に動いてはいますが、こういう自由貿易を「支持しない」とは言っていません）。当時の共同声明にも、ＷＴＯ関連の話が入っていました。自由貿易といえば何かいいことを言っているようにも聞こえますが、中国からすると「自由民主主義陣営が行っているサプライチェーン再編を防ぐための名分」にすぎません。中国が韓国に対して「中立・自主のスタンスを取るべきだ（日本に対してもよく言いますが）」と話すのと同じです。

中立と言えば客観的に見えますが、実は「いまの陣営から離れろ」と言っているだけです。こうしてみると、どことなくムン政権が北朝鮮と米国の間で「仲裁者論」、「仲介者論」、「運転者論（米朝を乗せて運転していく）」などと主張していましたが、今回のユン政権の自由貿易主張は、その「米中版」にも見えます。以下、同日の『ニュース1』から記事をひとつ引用してみます。

〈……政府は「自国優先」に回帰する国際情勢の中で、多国間の連帯・共助に政策の方向性を置いて、国益最大化を図る通商政策を推進していく。既存の多国間通商体制が弱くなる状況で、世界貿易機構（ＷＴＯ）の機能を回復させることで、多国間貿易秩序正常化において主な役割を果たすという構想も出した。23日、産業通商資源部によると、政府は世界の通常環境でサプライチェーンを中心とした経済安全保障問題がますます高まっていると判断している。米中貿易対立や、ウクライナ事態関連など、自由貿易基盤のサプライチェーン基調が揺れている。この過程で、世界最大の経済大国である米国を中心とした「自国優先」が著しい。中国と対立する米国は商品分野の対中国依存度を減らし、半導体・大容量バッテリー・医薬品・核心鉱物など四大核心品目の自国内生産基盤を構築する政策を推進中だ。ＥＵ（欧州連合）諸国もこのような傾向に合わせていく流れだ。

代表的なのが「半導体」だ。米国と欧州連合（ＥＵ）の場合、それぞれ「半導体法」を通じて５２０億ドル、４３０億ユーロを投資し、半導体サプライチェーンの強化を進めている。これに対応した中国も２０２１年から技術自立・内需拡大を通じて経済安全保障を強化するため「14次５カ年計画」などを樹立して進行中だ。日本は台湾ＴＳＭＣファウンドリ誘致に４８００億円を投資したと伝えられる。主要国の自国優先主義の通商措置に対応するために、韓国政府はそれぞれ急変する通商政策に対応し、韓国企業の対外的な不確実さを最小化する方に政策的主眼点を置いた。また、最終的には自由貿易主義に基づく世界多国間貿易秩序回復のために積極的に出るという計画だ（『ニュース１』８月23日「半導体戦争の中、強くなる自国優先主義、韓国はグローバル中枢国家へ前進」より）……〉

●台湾に見る本当の「関係改善」

ちなみに、７月12日の政府の政策ブリーフィングページにも、似たような話がありました。ＦＴＡをさらに拡大し、経済領土90％、世界１位を目指すと。韓国がＦＴＡを結んでいる国をすべて合わせると、世界経済の85％になります。というか、なるそうです。これを、政策ブリーフィングで「経済領土85％で世界2位」としています。1位は87％のシンガポールとのことで、それを超えて世界1位を目指し、90％になってみせる、というのです。このような状況を、米国側が知らないはずもないし、見逃すはずもありません。しかし、現在進行形で何か問題が起きているのかというと、そうでもありません。ですから、米国は韓国に対して、ホワイトリストから除外することで「ちゃんと見ているぞ」と未来へのモニタリングを仕掛けたわけです。

韓国メディアの各記事を総合してみると、結構前からユン政権はホワイトリストに入るために力を注いでいた、とのことです。つまり、結果的には思ったような成果が得られなかったわけです。

ちなみに、韓国を代表する半導体メーカーであるサムスン電子とＳＫハイニックスの中国工場への装備搬入もそうです。普通は、中国への装備搬入は制限されますが、両社は米国側から例外措置を得ています。ただし、どんな装備でも搬入できるのではなく、「リストを事前に作成して米国側に申請すれば、許可する」形になっています。たとえば、先端半導体製造に必要とされる「ＥＵＶ（Extreme Ultraviolet）露光装置」などは、申請しても許可してもらえないと言われています。これは、「いつでも審査を強化できる」という意味でもありましょう。現在のユン政権というより、その「次」まで考えてのものではないか、そんな気もします。ですから、日本のホワイトリストからの除外措置も、せめて次の政権までは続けたほうが「有効」だったのでは……と惜しまれます。こういうところは、日本は米国の「他国の扱い方」をもう少し学んだほうがいいと思います。

余談ですが、アメリカ側の「半導体は米国や同盟国のために供給されるべきだ」とするこの単刀直入な話に対して、台湾は韓国とはまったく異なる反応を見せました。2024年9月17日、台湾国家発展委員会の劉鏡清《りゅうきょうせい》主任委員が、台湾の半導体サプライチェーン再構築について、「安全性、信頼性、友好国、市場」という四つの原則を発表しました。TSMCの熊本進出はその流れに沿うもので、補完関係の下、日本への投資を強化するとも。この件については同日、『産経新聞』や『テレBIZ』(「台湾 半導体供給で友好国重視 国家発展委トップ会見」)などが報じています。主任委員は米国の輸出関連統制強化公表やアラン・エステベス米国商務省産業安保次官について明言していませんが、「友好国」という言葉からしても、やはり台湾なりの「返事」と見るべきでしょう。台湾も中国経済とのつながりが大きいはずなのに、ここまでちゃんと発表するとは、なかなかすごいことではないでしょうか。『産経新聞』のほうだけ、短く引用してみます。

〈……台湾国家発展委員会の劉鏡清主任委員（閣僚級）は17日、世界シェアが高い半導体に関し「安全性、信頼性、友好国、市場」の四原則を挙げ「サプライチェーン（供給網）を再構築している」と述べた。半導体受託生産の世界最大手、台湾積体電路製造（TSMC）の熊本県進出はこの方針に沿うと説明し「第1工場の利益率は高くないが、長期的には顧客のためだ」と指摘した。劉氏は訪日に合わせ、日本記者クラブで記者会見した……ラピダスにも触れ「遠い将来（台湾と）競争関係になるかどうかは見守る必要がある」と語った。一方で「半導体市場はどんどん拡大していく。日本と台湾は『強強連合』で取り組んでいく必要がある」と訴えた。（『産経新聞』9月17日『台湾、半導体は友好国重視で供給網を再構築　国家発展委の劉鏡清氏が訪日に合わせ会見』より）……〉

ひとつだけ取り上げるとして長くなりすぎましたが、こうしたことが本当の意味で「関係」を（自国にとって）「改善」させることではないだろうか、そんな気がしてならない今日この頃です。

第五章　韓国社会を覆う社会不安

●希望なくして「日韓関係改善」なし

ここからは、社会不安に関する話になります。なぜここで急に社会不安……というか「不安定さ」に関する話が出るのか。韓国の経済、特に物質主義と借金依存（高額マンションを所有しているかどうかが人を判断する何よりの基準になってしまった「階級社会」としての姿など）についてこれまでの著作でも触れてきましたので、今回、この話を入れるかどうか悩みました。しかし、結局、入れることになりました。なぜなら、日韓の「関係改善」において、「希望的考え方」が必要だからです。その社会が安定しているかどうかは、他国との関係にも少なからず影響を及ぼします。そしてそれは、若干拒否感があるものの、その社会の人たちが将来に希望を抱いているかどうかによります。

たとえば、社会の「不安定さ」は、ただその社会が未熟なだけと見ることもできます。しかし、成熟した結果として希望を失ったことによる「不安定さ」であるならば、その不安はやがて不満となり、捌《は》け口を求めるようになります。共産主義革命に真っ先に利用されるのが「底辺の人たち」であることと、似たような現象です。もちろん、結果的に出来上がる共産主義国家は、決して弱者たちのための社会ではありませんが。

ということで、今後の石破政権における日韓関係を考える上で、韓国の社会の不安定さについて知っておくことは絶対的に必要であるため、改めて本書でも触れることになりました。

個人的に、韓国における反日思想の強弱（表向きの反日のことで、決して根幹の話ではありませんが）は、いわゆる軍事政権時代（特に経済成長が著しかった1970～1980年代）と現在では、かなり差があると思っています。かつても反日思想はありましたが、その表出は、現在よりずっと限定的でした。その理由はさまざまなものがあるでしょう。軍事政権時代はまだ反共、反北思想が強かった時代ですから、米国や日本との関係をいまよりもずっと重視していた、言い換えれば「仲間意識があった」ことなどです。ただ、その多くの理由の中で、「韓国人が、まだ韓国の未来について強く希望を抱いていた」という社会の雰囲気を無視することはできません。

朝鮮半島には「恨（ハン）」といって、中国とも日本とも異なる形の独特の恨みの情緒があるとされています。このハンの特徴は、晴らすことができない、まるで過去のある時点に刻まれている杭《くい》か何かのように、いつまでも残るとされます。最近はあまり聞かなくなりましたが、「韓（ハン）」と発音が同じということもあり、韓国人の民族情緒だとよく

言われました。韓国人は個人の喧嘩でも、ずっと昔のこと、すでに解決済みのことを掘り返して「あの時だってそうだ」と怒ったりします。すると、その時点で解決していたことも、すべてノーカウントになります。韓国人と結構長い付き合いで、喧嘩をしたことがある方なら、この「あの時（のこと）だってそうだ」、韓国語で「그 때（일）만 해도그래、グッテ（またはグッテ イル）マン ヘド グレ」といったパターンの怒り方、一度は聞いたこともあるかもしれません。このような、民族情緒とまで言われている考え方や価値観が、生活の豊かさによって根本的に変わることはないでしょう。しかし、社会全体で見ると、希望の力もまた無視できません。恨《ハン》は恨として、その上で「そうだな、肯定的に考えよう」とするスタンスの力は強大です。

話が少し逸れますが、この希望に力に関して、まるで何かの文句を言うことが「教養」のようにされている現在の日本社会の雰囲気を私は大いに懸念しています。単なるネガティブや否定という以前に、間違った論拠による非難も多すぎます（たとえば、為替レートによるGDP順位などを国力の衰退の論拠とする人もいます）。

●劣等感の表出としての反日思想

明らかに希望や活力、余裕があった時代。1970、1980年代に韓国の反日思想は現在ほど強く表出していませんでした。決して社会の希望や活力がすべてと言うわけではありませんが、一因であったこともたしかだと言えます。「衣食足りて礼節を知る」とも言いますし、冷戦時代にアメリカが他国への経済支援を「共産主義を牽制する手段（貧しいものが多いと共産主義革命が起きやすくなる）」とした時代もあります。

関係の肯定的な変化を語るには、その関係の主体たる社会の安定が大きな影響を及ぼします。そして安定は、希望や活力などの言葉によって支えられます。短くビシッと書くのであれば、劣等感が強いほど社会はネガティブになっていくものです。当人はそれをポジティブなこと、たとえば教養あることだと勘違いしたりもしますが。

もともと反日思想というのは、劣等感の表出です。1900年代、定立もされていない民族という概念（日本で民族という言葉が作られるまで、朝鮮半島には同じ意味で使用する固有語も存在しませんでした）の下に、「私たちは優秀な民族」、「5000年前に大帝国を築いた」（だから「格下」の日本との併合はあってはならないことだ、という趣旨で）

を持ち出して出来上がった巨大なコンプレックス。劣等感の爆発です。ちなみに、日本への劣等感だけでなくより一般的なものとして、韓国のネットでは、「ヨルポク（劣爆、劣等感爆発）」という造語が生まれたりしました。

いずれにせよ、そうした理由から韓国では、以前から「社会不満を反日思想に反映する現象」が目立ちました。「韓国の大統領は支持率が下がれば反日になる」とよく言われますが、それが国民レベルでも起きていたわけです。ネットの普及によるデマの拡散が、韓国において反日思想が爆発的に広まった一因ですが、それが「いわゆるＩＭＦ期間（韓国が経済破綻してＩＭＦ管理下にあった時期）」のすぐ後だったというタイミングも、また大きな要素です。実際、経済的にもっとも疎外されている20代と40代で、反日関連案件（慰安婦デマや福島第一原発処理水デマなど）が異常なほど強く現れています。「韓国でも若い人は日本に親しいのでは？」と思われる方もいるでしょうけれど、これについてはまた後でもう少しくわしく綴ってみます。

反日からもう少し範囲を広げ、社会全般として、最近の韓国の社会不安は基本的に経済問題に関連しています。「韓国経済は１人あたりのＧＤＰで日本を超えた」などのニュースもあるにはあるので、対韓初心者（？）の方は妙だと思われるかもしれませんが、いまの韓国は、そうした「外」から見るだけでは想像も出来ないほどの不況、特に内需不況に苦しんでいます。家計債務、自営業者債務、各種青年問題などが著しく悪化しています。

本章では、個人事業者（自営業者含め）、賃金勤労者、高齢者労働の問題、そして高齢者労働とセットで問題提起されている青年雇用問題などを取り上げていきます。また、経済の諸問題とは別に、母親や妹など自分の家族の写真でポルノ動画を作る少年たちの話（家族という価値観の崩壊）や漢字がわからないことで起きている世代間のコミュニケーションの崩壊などについても紹介します。また、拙著の紹介で恐縮ですが、民間経済の負債、青年問題、物質主義などについては『韓国の絶望、日本の希望』、『Z世代の闇――物質主義に支配される韓国の若者たち』（ともに扶桑社）という本でもメインテーマにしております。本書のそれぞれの内容に興味を持った方は、ぜひご一読をおすすめいたします。

●急増する低所得自営業者という闇

まず、内需ということで「個人事業者（法人ではない事業者たち）」関連についてです。

2024年9月23日、各メディアから、なかなかインパクトのあるデータが報じられました。「彼ら個人事業者4人のうち3人、人数にして約860万人の月所得が100万ウォン（記事掲載時点の為替レートで約10万8千円）にならない」というのです。そのうち94万人は所得がゼロでした。公式に発表されたものではなく、与党「国民の力」党の国会議員で国会企画財政委員会所属のパク・ソンフン議員が、国税庁から受け取った資料を分析したものです。2022年基準で、個人事業者の総合所得税申告分1146万4368件のうち、860万9018件（75・1％）が月所得100万ウォン（年1200万ウォン）未満だった……とのことです。所得がまったくない「所得0ウォン」申告分も、94万4250件（8・2％）ありました。

このデータにはいくつか考慮すべきポイントがあります。ひとつは、実際の所得ではなく「総合所得税申告」データであること。これは韓国の個人所得税のことで、勤労、利子所得、株式などの配当、事業（たとえば不動産を貸して賃貸料を受け取ったなど）、年金、その他の所得などを合算した金額に賦課されます。この申告に基づいて算出される収入は、一般的に実際の収入よりは少ないとされています。理由はいろいろありますが、きちんとは申告しませんから（笑）。とはいえ、あまりにとんでもない数値を申告するとすぐにバレます。

また、集計期間が新型コロナ感染症の影響をまだ受けていた時期（2022年分）であることも考えないといけないでしょう。この1146万4368件は、韓国で全就業者の20％を占める527万人の自営業者だけでなく、一般的に自営業者にはカウントされない代理運転や配達バイク営業などもすべて含めてのデータです。

ただ、こうしたことを踏まえた上でも、各年度別データと比較して明らかに悪化しており、年所得1200万ウォン（月所得100万ウォン）未満の申告分は2019年610万8751件、2020年661万2915件、2021年794万7028件と確実に増えています。「所得0ウォン」の申告も2019年64万9016件、2020年78万3663件、2021年83万1301件と増加しつつあり、個人事業者の所得税申告件数の75・1％にあたる860万9018件が、月所得100万ウォン（年1200万ウォン）未満であるわけですから、もうディープインパクトです。

そして、この中の約527万人は自営業者です。「ふっ、そんなこと知ってたぜベイベー」という手慣れの方もいるでしょうし、「えっ、韓国は平均賃金が日本より高くなったとかそういう話を聞いたことあるけど、どうしたの?」という方もいるでしょう。というのも、彼らの所得は平均賃金データの集計にカウントされません。「データのからくり」といったところです。

それにしても、なぜここまで低い数値が出てくるのか。というか、よく生きているものだな、といったところですが、韓国の内需の不振、不景気はそれほどまでに深刻です。その上、借金のしすぎで、首が回らなくなっています。程度の差はあれど、いま中国経済で起きている現象と似ています。以下、このデータが韓国メディアでどう報じられたのか、引用してみます。

〈……個人事業者4人のうち3人の1カ月所得(総合所得税申告分)が100万ウォンにも及ばないことがわかった。課税申告分と実際の所得が異なるという現実を考慮しても、自営業者の多くが事実上の貧困層である構造的問題点を示している。……2022年個人事業者総合所得税申告分1146万4368件のうち860万9018件(75・1%)が月所得100万ウォン(年1200万ウォン)未満だった。このうち所得がまったくないという「所得0ウォン」申告分も94万4250件（8・2％）で、100万件に迫る規模だ……低所得自営業者は毎年急速に増えつつある。自営業者の相当数が、賃金労働者だったが「押し出され」創業を選ぶ、「生計型」であるうえ、大型プラットフォーム企業まで手数料・配達料などで圧迫する構造的問題が反映されたものだと解釈される（『聯合ニュース』9月22日「限界に追い込まれた自営業者、4人のうち3人は1ヶ月100万ウォンも稼げない」より）……〉

繰り返しで恐縮ですが、自営業者、個人事業者、そしてここからまた「小商工人」という言葉が出てきますが、それぞれ範囲が異なることには注意してください。あくまで一般的な書き方として、韓国メディアはこういう記事で「自営業者」と総称したりしますが、これは自営業者の数が多いというのもありますが、それ以上に彼らの所得が「国の内需経済を診断する重要な尺度のひとつ」とされているからです。正確には個人事業者とは、「事業登録をした（事業登録証を持っている）人、場合によっては企業」であり、それに対して自営業者は、事業登録をしていない露天商なども含めます。ただ、個人事業者で同時に自営業者の人も韓国には大勢おり、記事によっては個人事業者を自営業者と報じたりもするのです。ちなみに本書の引用部分には、意訳や日本ではあまり使わない単語を類義語にした部分もありますが、このような用語については、発表されたデータまたはソース記事の原文ママ（直訳）にしています。

●中国と韓国のふたつの「１００万」

さて、２０２４年7月のこと。折しも同じ15日に、ふたつの「１００万」という記事が目につきました。まず中国でのことですが、上半期だけで「１００万店」が廃業したというニュースがありました。単位は「店」になっています。韓国では一般的に「店」がないと自営業者にカウントされないので（個人事業者ではあるが、自営業者ではない）、韓国メディアの表現では、ここで言う「店」は自営業者ということになるでしょう。韓国メディアもそこそこ報じていますが、こちらは日本の『ＴＢＳ』から引用してみます。

〈……きょう発表された中国の4月から6月までのＧＤＰ＝国内総生産の成長率は減速傾向でした。閉店した店は今年上半期だけで既に１００万店を超え、若者が高齢者用の食堂に集まる事態となっています……（※消費者の節約志向が強くなっているという内容の後）「こちらの高齢者食堂ですが、中には若い人の姿もあります」。地域の高齢者に安く栄養価の高い食事を提供する「高齢者食堂」。かつては高齢者ばかりが利用していましたが、最近、若者の姿が目立つようになりました。（『ＴＢＳ』７月15日「景気がよくないから節約始めました――中国 今年上半期だけで１００万店が閉店 若者は高齢者食堂」より）……〉

最近、中国経済が「怪しい」というニュースは珍しくありません。よくないとか悪いとか以前に、お金の流れに関しては、情報が信用できない＝「怪しい」ことがもっとも嫌われます。ですから、外国人投資家たちの資金が中国から離脱しつつあるという話も頷けます。しかし、いくら怪しいと言っても、さすがに規模もスピードも桁違いで、２０２３年には「１年間で１００万店が廃業した」というデータがあり、海外メディアも結構取り上げたりしましたが、その１年後の２０２４年には、上半期だけで１００万店突破です。「最悪の続報」といったところでしょうか。ＧＤＰは４～５％成長という設定なのに（４～６月期プラス４・７％となっています）、ミスマッチ感が半端ありません。

そして同日、韓国でも「100万人が廃業した」という数値が話題になりました。こちらは「人」で、一部メディアは「自営業者」と報じていますが、詳しくは2023年に廃業した「自営業者・小商工人」が100万人だった、との内容です。小商工人とは、常時勤労者5人未満の事業場（店、会社など）のことです。製造業など一部業種では10人未満までです。自営業者と重複する場合もしない場合もあります。廃業数は、詳しくは98万6000人ですが、廃業したと届け出た人の数字だけで、実際は届け出などしていない人も多く、後述する「廃業したくてもできない人」たちもいるので、実際はもっと多いのではないか、というのが各メディアの分析です。こちらは同日の『中央日報』など多くのメディアが報じており、「今年はもっとむずかしくなる」との見解も共通しています。不景気、金利高、新型コロナ対策として政府が行ってきた借金の返済保留、満期延長などの政策が終了したこともあって、2006年から関連データを作成して以来、最多の数字となりました。

〈……昨年廃業申告した自営業者・小商工人（※原文の題では「廃業自営業者」となっています、詳しくは小商工人まで含めてです）が最多を記録した。高金利・高物価が続いて自営業者・小商工人の困難が大きくなった影響だ。15日、国税庁国税統計によると、昨年、事業を畳み廃業申告した個人・法人事業者は98万6487人と集計された。2006年関連統計集計以来最多記録だ。前年比増加幅も11万9195人で、やはり最も多い。廃業者数は2020年から2022年まで80万人台を維持し、昨年100万人に迫るほど急増した。事由は「事業不振」が48万2183人で最も多かった……

……業種別には小売業（27万6535人）、サービス業（21万7821人）、飲食業（15万8279人）の順で廃業が多かった。いずれも内需と直接関連した業種だ。不動産賃貸業（9万4330人）と建設業（4万8608人）など昨年景気が良くなかった不動産関連廃業も多かった。廃業が増えたのは、高金利・高物価の流れと内需不振の長期化に伴う小商工人・自営業者の困難が大きくなったためだ。ここに、新型コロナ関連政府支援金がなくなり、潜在した廃業申告も一部増えた影響まである。今年も閉業は多くなる見通しだ。依然として食品・宿泊業、卸小売業などを中心に内需回復が遅れるからだ。統計庁によると、今年1~5月の小売販売額指数は前年比2・3%減少した。金融危機当時の2009年以来15年ぶりに最大の下げ幅だ（『中央日報』7月15日）……〉

時期や景気にもよりますが、韓国でもっとも多くの「働き口」を創出しているのが、この「小売業や飲食店」など、いわゆる零細自営業です。旅行などで韓国を訪れた方なら、高層ビルの低い階層に競争的に集まっている無数の飲食店の看板をご覧になったことがあるでしょう。それらが機能しなくなると、経済もその分、大変なことになります。また、引用部分に中国関連で「高齢者食堂で若者が食べている」という記述がありますが、韓国でも同じことが起きています。韓国の場合、高齢者用ではなく「無料給食所（主にホームレスや余裕のない高齢者たちに食事を提供する民間施設）」になりますが、おそらく施設の趣旨は似ているものだと思われます。実際に無料給食所で奉仕活動をしている市民記者が書いた『オーマイニュース』（2024年2月14日）の記事によれば、「ホームレスと一人暮らしの高齢者のための施設なのに、そうではない若い人たちがよく来るようになった」とのことです。記事は、どう見てもホームレスでも高齢者でもないのに、若い人が入ってきては「肉の入ったおかずだけ5回以上『たくさんくれ』と要請して食べている」とか、明らかに趣旨に反する若い人たちの姿が増えたという話を書いています。「本当のホームレスの人は20％にもならないでしょう」、「最近、若い人たちがかなり来ています」といったボランティアの経験談なども紹介されています。

●「最低賃金引き上げ」が生む「1人社長様」

どこの国も最近「景気よい」とは聞かなくなったものの、韓国では内需関連で特に思わしくないニュースが多く、やはり自営業者の影響が強く見られます。韓国の自営業者問題は、先ほどの「4分の3が100万ウォン未満」という記事とともに、多くのメディアが積極的に取り上げていますが、好転する兆しはいまのところ見えません。

似たような趣旨の各メディアの記事で最近流行っている(?)のが、「1人社長様(ナホロ・サジャンニム)」という言葉です。雇用がない(1人でやっている)自営業者のことです。映画『ホーム・アローン』の韓国タイトルが「ナホロジベ(ぼく1人で家にて)」だったからか、「ナホロ」という表現が多かったりしますが、全般的に肯定的な意味ではありません。韓国の高度経済成長期、デパートでは男を「社長様(サジャンニム)」と呼びました。これは、ある程度の企業の社長でもないと、デパートで買い物などできないからです。ちなみに、女性に対しては「師母様(サモニム、自分より上の立場の人の奥様)」と呼びました。これがそのまま、韓国における男女に対する尊称のようになり、1人で店をやっている、例えば穴店(すごく小さな店)や屋台の人でも、とりあえず社長様と呼ぶのが礼儀のようになりました。というか、そう呼ばないと怒られました。そこで、「従業員もいないのに社長かよ」というジョークもあったりしましたが、2020年代になって、冗談抜きで本当に1人だけの社長様が急増して、メディアが「1人社長様」と書くようになったわけです。1970年代生まれとしては、感慨深い気がしなくもありません（苦笑）。

1人でやる前提の自営業もあるでしょうし、たとえば家族が（賃金なしに）手伝っている場合もありますが、これが流行語のようになった背景にあるのは、「最低賃金の急激な引き上げ」です。左派傾向が強かったムン政権では、「所得主導政策（日本で言う所得倍増政策のようなもの）」といって、最低賃金を急激に上げました。特に2018年16・4%、2019年10・9%という二回の引き上げは、あまりにも急激で多くの自営業者が従業員を解雇、新規採用を止めました。その結果が、1人社長様の激増です。日本でも最低賃金引き上げの話がよく聞こえてきますが、やはり「段階的に」というプロセスが一番重要です。

先ほども書きましたが、韓国では全就業者の約2割が自営業者だけあって、自営業から発生する雇用もかなりの数字になり、最近の1人社長様の増加は、言うまでもなく大きな影響を及ぼしています。韓国の自営業者の数は、各メディアの記事によると、2024年7月時点で527万1000人です。前の政権から続いた低金利（本当は新型コロナなど内需対策でしたが）で、創業資金が借りやすくなったなどの理由で、自営業者が急増し、2021年には650万人を超えたりしましたが、そこから減少傾向が続いています。韓国の経済活動参加人口は約2800万人～2900万人とされており、『東亜日報』（8月19日「1人社長様の相次ぐ廃業、景気沈滞で路上に追い出される庶民たち」）によると、同じく7月基準で、「雇用なし自営業者」が427万3000人です。二つの記事のデータを合わせると、約8割の自営業者が、雇用なし状態だとわかります。最初から1人でやる前提で始めた人もいるでしょうし、業種や規模によりますし、別に1人でやっている小さな店だからと言ってそれだけで問題があるわけではありませんが、やはり「多すぎる」としか思えません。

ちなみに、最近のデータでみると「1人社長様」は減少していますが、これは景気がよくなって雇用を増やしたのではなく、そのまま廃業したからです。実際、雇用なし自営業者が11万人減少した期間中、「雇用がある」自営業者は5万人増加しただけ、とのことです。記事は、新しく自営業を始める人もいるので（従業員を雇用してスタートする人が多い）、実際は廃業が増えただけと見ています。「（1人社長様が減少しているのは）商売が上手くいって従業員を雇用したというよりは、零細自営業者の相当数が廃業した結果だと見るべきだ」と。減少してもなお427万3000人……というのも、なかなかすごい話ですが。

●やめるにやめられない「幽霊」たち

また、『中央日報』が取り上げた内容ですが、「幽霊自営業者」が急増しているという現象もあります。営業利益で債務の利子が返済できない「ゾンビ企業」関連の問題が世界を揺るがしている中（韓国の場合は全企業の41％、『デイリアン』7月16日）、今度はゾンビならぬゴーストです。原稿を書いている時点では、店にハッピーハロウィングッズが並んでいるので、タイムリーな気もしなくもありません。

では、「幽霊自営業」とは何か。それは、「自営業者をやめると、すでに受けている『自営業者向けローン（庶民向け政策商品など）』の満期延長ができないから、廃業したくてもできない人たち」のことです。ややこしいですね。ローンを自営業者として組んでいるので、自営業をやめると、そのローンの満期延長ができない、というのです。一部のローンの場合、普通に組んでも「自営業者である」ことが条件になる場合もありますが、先ほど紹介した、政府などが関わる政策金融商品の場合、最初から「特定所得未満の自営業者」であることが前提条件となる場合もあります。だから、廃業せず（廃業関連の書類を出さず）、副業で別の仕事しながら生計を立てているわけです。関連記事（『中央日報』8月27日「職業二つの苦しい社長様、廃業したくてもできない幽霊自営業者の事情」）では、「廃業の数は、それでもまだ廃業できる、まだマシな状態の人たちかもしれない」と指摘しています。関連する記事を引用しましょう。

〈……経済の内需不振が続く状況で、第2次ベビーブーマー（1964～1974年生まれ）世代の引退が本格化すれば、自営業のピンチは一層加速するとみられる。全就業者のうち、自営業比率は2000年27・8％から今年6月19・7％まで下がったものの、米国

(2022年6・6%)、日本(9・6%)、カナダ(7・2%)、ドイツ(8・7%)などに比べると依然として高い。自営業者比率が高いのは、企業のリストラなどで40～50代が早期に職場を離れたり、705万人に達する第1次ベビーブーマー(1955～1963年生まれ)が、引退して他の雇用を求めることができず、生計型の創業に乗り出したためだ。現在、自営業者の人口構成を覗いてみると、60代以上の高齢層比率(37・3%)が最も多く、次に50代(27・4%)の順だ。2000年だけでも30～40代が全体の自営業者の半分以上を占めたが、今は自営業者3人のうち2人が50代以上だ。

限られた内需市場で、ちゃんと準備せずに創業に飛び込んで競争を繰り広げるため、利益率は低く、債務に耐え、結局は廃業に追い込まれる仕組みだ。今年から全人口の18・6%に該当する第2次ベビーブーマー(1964～1974年生まれ)964万人が順次引退年齢に進入する。それに比例して高齢の低所得自営業者や個人事業者がさらに増えるものと見られる。

政府は、下半期の経済政策の方向で「小商工人・自営業者総合対策」を出した。ほとんどが配達料・賃貸料・電気料支援など、その場しのぎのための現金性支援だ。職業訓練や創業教育を拡大するなど、カスタマイズされた政策が必要だといえる。(『朝鮮日報』9月

23日「個人事業者4人のうち3人が月収100万ウォンにならないとは」より）……〉

●責任感なき賃金未払い

このように、韓国における自営業（データによっては個人事業者、小商工人）の崩壊がもたらす社会的不安は、他国の想像を超えています。

では、自営業者ではない賃金労働者はマシなのかといいますと、一握りのエリート以外は、苦しいのは同じです。韓国では年2回、賃金未払いが大きな話題になります。ソル（旧暦1月1日）と秋夕（チュソク、旧暦8月15日）、韓国ではこういう日を名節（ミョンジョル）といい、大いに祝う日とします。最近は遊びに行く人のほうが多いとも聞きますが、プレゼントを手にして故郷を訪れ、親と楽しい時間を過ごす、そういうのが伝統的なイメージです。ですから、このシーズンになると各メディアは賃金未払い関連のニュースを増やします。恒例というか、何かのイベントみたいになっています。

政府もまた、「今度こそ、かならず賃金未払いの風潮を叩き直す」と政策を発表し、また各メディアがそれを大きく取り上げたりします。でも、それ「だけ」なのが問題です。

『韓国日報』（8月15日）が関連記事を載せましたが、そのタイトルが「毎年この頃になると必ず（賃金未払いを）直すと政府が発表するのは、なぜなのか」となっています。たしかにそのとおりです。2023年、今年2024年と賃金未払いの規模が大きくなり、各メディアはソルとチュソク以外の時期にも関連記事を載せるようになりました。まだ効果はありませんが、それでもマスコミが取り上げるのが年2回「だけ」のシーズンイベントでなくなっただけ、よい方向かもしれません。この賃金未払い金額は、今年2兆ウォンを超えるのではないかと予想されています。また、人数で言えば約15万人（上半期）、その約8・5%が外国人労働者とされています。

2024年1～7月のデータなので、期間が他のデータとずれますが、4124箇所の事業場で、1万4913人の外国人労働者が賃金を受け取れず、総額は699億3990万ウォンに上るとされています（『イーデイリー』9月10日）。公共機関ですら5年間で165億ウォンの賃金未払いがあると言います（『東亜日報』9月4日）から、もはや安全地帯などないのかもしれません。もともと賃金未払いが1兆ウォンを超えてから多少減少していたものの、リーマン・ショックがあった頃から再び1兆ウォンを超え、2023年の賃金未払いは1兆7800億ウォンと過去最高を記録。そして、今年は上半期基準で見ると、さらに26・8％増加しています。

別にこの案件だけでなく、とりあえず何かの理屈で日本と比べることが多い韓国メディアですが（それでも、この件に関しては素直に比べるだけなのでまだマシですが）、2022年6月4日の『朝鮮日報』の記事によると、2017年〜2021年までの5年間の未払い賃金は7兆ウォンで、同期間の日本の未払い賃金に比べると14倍でした。ただ、別の見解もあり、『毎日労働新聞』という労働者関連メディアは、「すべてを勘案すると、日本の100倍」という見解を載せています。日本の労働政策研究・研修機構のオ・ハクス特任研究委員による分析で、日本の2021年度の賃金未払いは（記事の為替レートで）約516億ウォン、単純計算で韓国の2・89％。ここに、賃金労働者の数（日本6114万人、韓国2145万人）などまで考慮すると、韓国の賃金未払いは日本の約100倍（正確には98・6倍）になるというのです。その上で「結局は責任感の問題である」とも指摘しています。

さて、こうした状況でついに年間2兆ウォンの大台（？）が見えてきた「賃金未払い」問題。『韓国日報』の記事を引用してみます。

〈……不景気などの余波で今年上半期だけで賃金滞納規模が1兆ウォンを超えた状況で、秋夕《チュソク》連休を控えて政府が再び「賃金滞納に強く対処する」ことを強調した。政府が毎年、名節（※ソル、チュソクなど）になるたびに慣行のように繰り返して強調しているが、限界が明白だ……ユン大統領は9日、チュソクを控えて開かれた首席秘書官会議で「民生物価」「応急医療体系点検」とともに「滞納賃金」問題を取り上げ、「万全を期してほしい」と要請した。最近新たに就任したキム・ムンス雇用労働部長官の最初の業務指示も「賃金滞納総力対応」だった。ソルや秋夕の祝日を控えて政府が「賃金滞納根絶」メッセージを出して、2、3週間「滞納賃金集中清算指導期間」に定めた賃金を受けるように行政力を集中するのは恒例イベントのようになっている。

この期間中に滞納清算成果が少なくないだろうが、問題はあくまで一時的な措置だという点だ。勤労基準法の改正など制度的補完装置の不備が続いている間、今年は建設景気の低迷や自営業の廃業増加など景気要因まで重なり、年間滞納規模が史上初めて2兆ウォンを突破するという展望まで出ている。今年上半期滞納賃金額は半期基準では初めて1兆ウォンを突破、1兆436億ウォンと集計された。滞納規模で最高値（1兆7、845億ウォン）だった昨年、上半期の滞納額が8、232億ウォンだった。今年上半期はこれより26・8

%増加している（『韓国日報』9月15日「今年上半期だけで賃金未払い1兆ウォン、名節のたびに叩き直すというのになんでこの有り様か」より）……〉

記事は、専門労務士の意見として「現行労働行政・司法実態を見れば、事業主の立場からすると、ちゃんと賃金を支給しなければならない誘引がなく、むしろ滞納したほうが経済的に有利だとも言える」としています。なにせ、ほとんどが罰金で終わる（懲役刑などは約4％だけ）ものの、「罰金の金額が、大まかに滞納賃金額の約13％」、または賃金がもらえないでいる労働者と（実際の賃金の分よりは少ないけど）合意すれば、それですべての法的責任は果たしたことになる、とのことです。労働者の立場からすると、いますぐ使える生活費もない場合、どうしてもこうした合意に応じることになります。賃金債権の時効を現行3年から5年にしたり（たしか日本は現行10年です）、遅くなった分の利子を支払うようにするなどの制度が必要とのことですが、やはり結局は「責任感」でしょう。人件費というのがどれだけ重要な存在か、人の生活そのものである、といったことを考えていないのです。

賃金未払いだけでなく、最低賃金未満で働く労働者もどんどん増えています。韓国で「公式に」最低賃金がもらえないとされる人は300万人、賃金労働者全体の13・7%です。これは、民間の調査機関ではさまざまな数値が出ていて、実は540万人（24・3%）になるという主張もあります。最低賃金未満の労働者数と未満率は、当該指標を初めて観測した2001年以降大幅に増加してきました。2001年には1354万人だった賃金労働者は、2023年には2194万人と62・1%増加しました。しかし、同期間、最低賃金未満労働者数は57万7000人から301万1000人になり、なんと421・8%（243万4000人）も増加、未満率は4・1%から13・7%に9・4%ポイントも急騰しました（『国民日報』5月17日「有給で休める時間まで考えた場合、最低賃金未満労働者500万人突破」より）。

『アジア経済』の「最低賃金もらえない労働者275・6万人、OECD平均の2・7倍」（2023年4月2日）という記事によると、OECDの「最低賃金以下」データ（OECDは未満ではなく以下で集計します）では、最低賃金制度がある25か国の中で、最低賃金以下労働者がもっとも多いのはメキシコ（25%）でした。そして、その次、すなわちワースト2が韓国（19・8%）。最低賃金の制度が機能している国としては、ベルギ

10・9％、米国1・4％、オーストラリア1・7％、日本2・0％、チェコ3・1％などで、制度が機能していないのが、22位フランス（12％）、23位スロベニア（15・2％）、24位韓国、25位メキシコなどです。

●データよりも実態ははるかに悲惨だ

ここで、少し私見を書いておきたいと思います。私見だらけの本でわざわざ私見と書いた理由は、「心証はあるが物証はない（引用できるデータなどが見つからない）」内容だからです。個人的に、先ほどのゴースト自営業関連記事を読んで、「見方にもよるけれど、それで満期延長はしてもらえるのか？」という部分が気になりました。本業である自営業を事実上あきらめているわけで、副業では大した収益は望めないはずだが、そんな状態で満期延長ができるのか、と。

このゴースト自営業、かなりさまざまなメディアが記事を出しましたが、どの記事にも、この点については書かれていませんでした。本書ではこの章以外では扱っていませんが、韓国は民間債務、特に家計負債の「大国」です。「不動産不敗神話（不動産に投資して失敗することはないという信念）に基づく、不動産、特にマンションを買うために、明らかに自分の返済能力を超える金額を借りる人が多いからです。この現象を韓国では、霊魂までかき集めた（すべての手段でできる限りの借金をした）という意味で、「ヨンクル」と言います。２０２２年のデータですが、住宅担保ローンを組んだ人は所得の約６割を返済に使っていると言われるほど、その返済は大変なことになっています。２０２３年４〜６月期のデータで、家計債務集計対象は１９７８万人、集計当時金額は１８４５兆７０００億ウォンでした。韓国の経済活動人口は約２８００万人で、債務がない人、または一部の自営業者などは家計債務カウント対象になりません（ローンの種類よっては自営業者が家計債務に重複カウントされる場合もあります）。

彼ら１９７８万人の平均ＤＳＲ、すなわち所得のどれくらいを返済に使っているのかの比率は39・９％。つまり、全経済活動人口２８００万人のうち約２０００万人が、年間所得の約４割を債務の返済に使っているという状況です。その家計債務の約70％が変動金利で、53・７％が満期一括償還方式です。元利均等返済ではなく利子だけ返済し、元金は満期が来たら一気に返済するタイプのことで、毎月返済する分は元利均等返済に比べて安くなりますが、リスクは高いと言えるでしょう。２０２４年に政府指針が変わるまで、30年ローンも普通にありました。

家計債務が急増したのは２０００年代になってからなので、満期一括償還式の「満期」は、数年後に順次やってくるでしょう。しかし、妙なことに、延滞率は低いままです。大手銀行は０・５％にもならないし、韓国で「第２金融圏」と呼ぶノンバンク領域の金融機関でも、５％台です。特に脆弱《ぜいじゃく》とされる庶民金融機関などでも約10％。私だけでなく韓国の一部のメディアが、この点をちょっと不思議に思っています。普通は満期延長や追加の融資ができる相手ではないのに、金融機関が満期延長を繰り返すことで、表面的には延滞率を低く見せる、いわゆるエバーグリーン化（実際はそうでもないのに、緑豊かな状態に見せる）を試みているという指摘もあります。ただし、それを裏づけるデータはありません。インハ大学経営大学院のアン・ジェファン教授は、ネットメディア『ニュースタパ』の記事（7月26日「古ぼけた不動産共和国、彼らだけの危ないソフトランディング」）で、「政府が把握できる表面的な不良化（不良債権化など）は、実際とはかけ離れている可能性がある」と指摘しています。

教授は２０１１年、いわゆる「貯蓄銀行事態」時の金融監督院の実務者として貯蓄銀行の内部実態を調べたことがあります。当時、韓国では貯蓄銀行と呼ばれる「第２金融圏」

の金融機関が、連鎖して破綻する大事件が起きていました。貯蓄銀行とは、「銀行」と書いてはありますが実は法律的には銀行ではなく、銀行とほぼ同じ役割をしますが、お金を借りやすく、金利も高い金融機関のことで、韓国では代表的な庶民金融機関とされます。

いまもそうですが、当時の各貯蓄銀行は、事業性の検討もちゃんとせずに「プロジェクト・ファイナンス」と呼ばれる不動産事業に資金を投じて、不良債権化で倒れました。当時、30以上の貯蓄銀行でバンク・ラン（預金の大量引き出し）が発生し、10万人余りの預金に問題が生じました。ただ、貯蓄銀行そのものの規模が普通の銀行に比べると大きくなかったので、第1金融圏（普通の銀行）まで巻き込む金融危機には発展せず、なんとか収まりました。これを「貯蓄銀行事態」と言います。

当時、アン教授が調べたある貯蓄銀行の場合、自己資本比率（BIS）を5％と申告しているにもかかわらず、内部資料をチェックすると、実際の数値はマイナス50％だったと言います。教授は、最近もまた金融機関の不良化規模は申告されている数値だけでは把握できず、「金融当局が認識する不良化規模と、実際の金融会社の財務状況は異なる可能性がある」と話しています。小さな欠片のような事例かもしれませんが、こうした話がどうしても「延滞率が高まらない謎」とつながってしまうのは、私の気のせいでしょうか

●「失業率1・9%」のカラクリ

さて、話を高齢者と青年関連の問題に進めましょう。韓国大手メディア『朝鮮日報』が、早稲田大学のパク・サンジュン教授の経済関連の話をシリーズ記事化していますが、2024年8月～10月の間に主に取り上げているのが、「日本社会の平穏の秘訣は、雇用にある」という話でした。雇用側、被雇用側がお互いに譲歩して雇用を安定化させたことが、いまの日本の社会的安定を支えており、日本が「失われた30年」から抜け出せた理由のひとつだというのが教授の持論です。

ちなみに、韓国メディアの記事は、日本について何か肯定的なことを扱う記事より、ネガティブな記事のほうが圧倒的に多く、経済についてもできる限り悪口を叩くのがマナーのようになっています。パク教授のような考えを紹介する記事は、珍しい存在です。日本はいわゆる氷河期世代を生み出した雇用不安期を経て、雇用の重要性を改めて認識し、それを克服してきたというのが、シリーズ記事の主な内容です。その氷河期世代とよく似た現象が、いま韓国で起きつつあります。

韓国の失業率は、２０２４年8月時点でなんと1・9％（『租税金融新聞』）。まさに完全雇用です。しかし、そこにはちょっとしたカラクリが存在します。ひとつは、「ただ休んだ」とカウントされる人たち。いわゆる「就職する意思がない」などの理由で、各種統計から外されている人たちの存在です。もうひとつは、政府による「高齢者働き口」。これが、いまとんでもないことになっています。

まず皆さん、雇用率と失業率の関係をご存知でしょうか。雇用率が高くなると、普通、失業率は下がります。でも、韓国の青年雇用・失業においては、なぜか雇用率が下がっているのに失業率も下がるという不思議な現象が起きています。『ソウル新聞』によると、これは「非経済活動人口（経済活動に参加しない人）」、すなわち統計にカウントされない人が増えたためです。特に、「ただ休んだ」という表現は、経済活動に参加しない理由を調べる時の項目のひとつで、これといった理由もなく仕事もせず、求職もしない人たちのことです。

もともと非経済活動人口は、不可避な理由（たとえば、入院中とか）で仕事を休んでいる人たちも含んでいますが、この「ただ休んだ人」というのは、入院など不可避な理由がない人のことです。主に若い人たちの場合、世界各国では「ニート」と呼び、社会問題として対処しています。国によってパターンはさまざまですが、ここ数年間、韓国ではこの「休んでいる人」が大きな問題と指摘されるようになり、経済関連ニュースでも取り上げられることが増えました。

〈……青年層（15～29歳）の雇用率と失業率が、3か月連続で「共に下落」したことがわかった。仕事も求職もしない青年層の非経済活動人口が増えた影響だ。青年層の雇用が両極化し、「休んだ」などの人口を中心に非経済活動人口が増えたという分析が出ている。（※2024年9月）。統計庁国家統計ポータルによると、先月の青年層雇用率（46・7%）は就業者が大幅に減り、昨年同月より0・3%ポイント低くなった。5月（－0・7%ポイント）と6月（－0・4%ポイント）、7月（－0・5%ポイント）に続き4か月連続「マイナス」の流れを続けたのだ。失業率も異例的に雇用率とともに落ちた。先月、青年層失業率（4・5%）は0・9%ポイント下がり、一見すると雇用が好転したように思われる。しかし、通常雇用率が下がれば失業率は上がるのが一般的だが、雇用率と失業率がともに下がったわけだ。このような現象は去る6月から3か月続いている（『ソウル新聞』9月14日「雇用率と共に下がる青年の失業率……青年雇用統計の罠」より……）〉

●圧倒的に短い青年の勤続期間

２０２４年６月基準で、韓国の20代と30代の「ただ休んだ」人口は68万人（20代39万５０００人、30代28万５０００人）です。20・30代の総人口は１２７１万５０００人ですから、20・30代の５・34％が「ただ休んで」いるわけです。ちなみに、２０２３年には（時期にもよりますが）４・６％～４・７％あたりでした。20・30代の人口が毎年約20万人ずつ減少していることを勘案すると、かなりのスピードで増加しています。ちなみに、すべての年齢帯では２４４万４０００人。繰り返しになりますが、これは単なる非経済活動人口ではなく、その中で「ただ休んだ」人口になります。

こんな中、青年たちの雇用がどうなっているのか、ちょっと見てみましょう。いわゆる就職氷河期を経験された方なら、若干の既視感があるかもしれません。さらに言えば、韓国では無事就職できた人たちも、長い間仕事を続けることはできずにいます。

統計庁が集計した２０２４年５月データによれば、学校を卒業または中退してから初めて就職するまで平均で11・５か月かかっています。さらに、やっと就職できても、青年たちの平均勤続期間は、わずか10・９か月です。この話は韓国関連に詳しい方なら、「あ、それ聞いたことがある」と頷くことでしょう。前から、韓国は勤続期間が短く、仕事を辞めるのが早いと言われています（法律での定年ではなく、実際のデータとして）。２０００年代初頭まで、韓国では沙悟浄（サオジョン）という言葉が流行ったりもしました。サオジョンという発音は「45定」という言葉にも当てはまるので、45歳に定年退職の人が多いという意味で使われました。実際は定年退職というより、単なる「肩を叩かれる」場合が圧倒的に多いわけですが。

そこから再就職せず、いや「できず」、そのまま自営業者になることが多かったのも、韓国で自営業者が増える一因になりました。最近も、調査機関によるものの、普通は48歳から51歳の間で結果が出ます。たとえば、韓国経済人協会によるサンプル調査（40歳以上９４９人、２０２３年11月１日発表）では、平均退職年齢が50・５歳でした。

また、特に若い人たちの勤続期間が短い理由として、理想と現実のギャップがあります。やっと就職できても、「私にはふさわしくない」という理由ですぐ辞めてしまうというのです。これは、これまで拙著で書いてきた内容でもあります。

この理想と現実のギャップは、仕事が長く続かないだけでなく、結婚しない（自分が理想とする親の姿と、現実の自分の姿に差がありすぎる）一因にもなり、現在の驚異的な少子化につながっています。韓国内でもさまざまなメディアが問題提起しており、最近は『中央日報』が「ミスマッチ」という言葉を使いながら、「実際に就くことができる職業と、希望する職業のミスマッチ」と指摘したりしました。現在も、この流れは変わっていません。ただ、本書で取り上げる部分は、最近になって指摘されるようになった、もう一つの側面です。

●企業が1年以上雇わない

ケース・バイ・ケースではありますが、あえて簡略に書くと、韓国では週15時間以上の仕事を1年以上やった場合、退職金が発生します。ですから、各企業は最初から「1年内に仕事を辞めるように」と契約を強要しているわけです。これが、勤続期間が10・9か月で止まっている理由のひとつです。10月10日の『ニューシース』の記事によれば、15〜29歳の約4割が非正規職で、彼らの勤続期間は平均で約11か月になっています。記事は、これを「1年以上雇用していると、退職金が発生する」などの理由で、企業側が最初から1年未満の契約をするからだ、としています。余談ですが、韓国では「正規職」を「契約期間を定めずに契約した職員」とします（法律的な定義があるわけではないとされています）。それ以外だと、主に「常用職」、「臨時職」、「日用職」などがあります。常用職とは、「契約期間が決まっていない職員（韓国で言う正規職）」と「1年以上の期間の契約をした職員」を合わせて、そう呼びます。常用としつつ1年1日で雇用が終わる人も多いわけですから、ちょっと用語と意味がそぐわない気もします。そして、1年未満の契約の場合を「臨時職」といい、1日だけの雇用の場合は「日用職」と言います。すなわち、ソース記事のいう1年未満というのは、臨時職のことです。

不景気の影響もあって、最近韓国では、繰り返して失業給与（失業手当）を申請する人が増えています。専門ブローカーなどの組織も暗躍していて、偽の就業などで失業手当をもらおうとする人たちが次々と摘発されています。その数は、2023年1〜7月だけで実に4万6900件を超えています。偽書類を提出したり、形ばかりの求職活動をして摘発された事例が4万6909件。ちょっと期間が異なりますが、2022年上半期には（同じ理由で摘発された件数が）69件だけでした。しかし、7月から政府が「新型コロナ関連対策などで、失業手当支給認定がゆるくなっている」などの理由で管理監督を強化した結果、摘発件数は急増し、2022年下半期に1295件、2023年は7月まで4万

6909件に増えたわけです。さらに、記事では「摘発されていない分まで含めると、おそらくもっと多い」ともしています。

〈……失業手当の財源である雇用保険基金は、10兆ウォン以上あった積立金が底をつき、他の基金から借りた10兆3000億ウォン以外だと、3兆9000億ウォンの赤字となっている。雇用保険料率も上がり、労働者と使用者が追加で負担した保険料が5兆ウォンを超える。税金の無駄遣いになるだけでなく、誠実に保険料を払った人の労働意欲までなくしてしまうこの失業手当を、このままにしておくわけにはいかない。不正受給を徹底的に選別し、失業手当の支給条件を強化し、下限額は下げて、再就職を奨励する制度の趣旨を活かすべきであろう（『東亜日報』2023年9月21日「遊びながらもらえる失業給与、8月まで摘発された偽の求職4万件」より）……〉

そこで、さすがに政府も手を打とうとしています。「5年内に3回以上失業手当を申請した場合、失業手当を最大で半分まで削減する」案を進めています。しかし、『ニューシス』の記事など一部のメディアや専門家は、「1年未満で雇用期間が終わる人が多すぎるので、1年に1回は失業手当を申請することになる」、すなわち仕方なく申請する人たちも多いので、回数で決めようとしてはいけないと指摘しています。その際に、この「契約期間」が問題となったわけです。

実際、最近青年（15〜29歳）の常用職、すなわち1年以上の契約は大幅に減少しつつあります。特に多くの記事が出ていたのが2024年5月基準のデータで、1年前（2023年5月）と比べて、青年常用職が19万5000人も減少しました。19万5000人と言うと、これは、同年齢代の全常用職の約7・6％に値します。「1年以上契約の働き口」が5月前年比で7・6％もなくなったわけです。当時、関連データが作成された10年前から最大幅の減少だと話題になりました。以下、『ニューシース』の記事を引用してみます。

〈……短期雇用が蔓延する状況で、政府の失業給与需給制限政策が、労働脆弱階層に大きな影響を及ぼすかもしれないという指摘が出た。10日、国会環境労働委員会所属パク・ジヨン共に民主党議員室と韓国労働研究院の青年層の雇用労働統計によると、青年（15〜29歳）の40・8％は非正規職であり、これらの平均勤続期間は10・9か月だ……パク議員は「事業主が、退職金を与えないために1年未満で採用し、正規職転換をしなくてもすむように3か月、6か月、11か月単位で『分けて』契約をするなどの雇用慣行が蔓延している」とし、「5年の間に3回以上失業給与を受給すれば、受給額を減額するという政策は、労働脆弱階層をさらに追いこむことになるだろう」と憂えた。彼は7月、政府が発議した雇用保険法改正案を問題だと見た。失業給与を減額して、待機期間を拡大するなど、「繰り返し申請する」需給を制限する内容を盛り込んだ（『ニューシース』10月10日「青年勤続平均期間11か月、失業手当回数制限は彼らを死地へと追いこむ」より）……〉

●高齢化社会対策＝「高齢者働き口」

雇用における青年問題は、ざっとこんなところです。次は、高齢者の話になります。本書をお読みの方の中に、いくら失業にカウントされないニートが増えたからって、失業率が1・9％というのはおかしくないか、と思われた方はいないでしょうか。2024年9～10月に多くのメディア、たとえば『ハンギョレ新聞』、『SBS』などが取り上げた内容ですが、韓国の「高齢者働き口」の実体が、思わしくない結果になりつつあります。

高齢者働き口とは、日本でも韓国関連ブログなどで結構前から話題になっている政策です。「高齢者に（簡単な）働き口を政府・自治体が用意する」というもので、本当にどうでもいい仕事を用意し、彼らを全員「雇用状態」にします。もともと高齢者ということもあって、この政策は失業率を大幅に下げる効果がありました。

そう、この高齢者働き口政策こそが、韓国の失業率を1・9％まで下げた大きな要因です。しかし、各記事によりますと、彼らの平均の月所得は約2万円レベル。とても「職業」とは思えません。彼らは勤労者ではなく、受け取っているのは「補助金」になります。そこで、個人的に「彼らは平均賃金などのデータには入らないのではないか」と疑問を持っています。まだ確実なソース記事は見つかっていないので私見になりますが、自分なりの論拠はあります。平均賃金は賃金労働者だけの集計になりますが、彼ら高齢者は法律的に労働者ではありません。4月に裁判所が「彼らは勤労者ではないので、産業災害（労災）保険を受けることができない」という判決を出したこともあります。なにせ、もらうお金が補助金となっていますから。以下、各紙の該当部分を引用してみます。

〈……米国の8月の失業率は4・2％だ。1％台の低い失業率は、タイのように労働人口の中で自営業者の割合が圧倒的に高い国などでもない限り、見つけるのが難しい。日本の7月の失業率も2・7％だ。それなら、1・9％の失業率なら天下太平の歌でも聞こえてきそうなものだか、この数値に注目して大きく報じたメディアはない。なぜだろうか。よくなったのは数値だけで、雇用市場の好転を体感できないからだ。雇用率の上昇、失業率の下落が錯視だというわけではない。実際の経済活動人口増加幅（＋11万4０００人）より就業者数増加幅（＋12万３０００人）が大きい。ところが就職増加の相当部分が、政府予算を投入して作った「高齢者雇用」だという点が問題だ。8月の統計を見ると、60歳以上の人口は昨年同月に比べて47万人増え、就業者数は23万１０００人増えた。政府は今年、高齢者雇用事業予算を昨年の88万３０００個より14万７０００個多い１０３万個に増やして編成した（『ハンギョレ新聞』9月21日「大統領はチェコ原発輸出に首ったけ、国の経済は四面楚歌」より）……〉

●補助金で働く高齢者へ不満が爆発

ハンギョレ新聞の記事で特に注目すべきは、就業者数増加が＋12万３０００人なのに、60歳以上の就業者数は23万１０００人増えたという部分です。60歳以上が全員この「政府や自治体の」高齢者働き口政策による就職ではないでしょうけれど、「60歳以上」以外の年齢帯では就職者数が減少しているという意味になります。9月のデータとしては、60歳以上の就業者は（前年同期比）27万2000人も増加したものの、20代就業者数は15万人減少し、韓国で「経済の腰（支えるという意味で）」とする40代も6万2000人減少しました。この点、若い人たちの中には、「私たちのために使われるべき予算が、老人たちのために使われている」と強い不満を表出する人たちもいます。それでは、連続で関連記事を引用し、そろそろ次の話、「経済以外の」社会不安の話に進みます。

〈……高齢化と老人貧困の解法として、政府が高齢者働き口事業を推進しながら、働く高齢者は増えていますが、稼ぐお金は20万ウォンにとどまることがわかりました。「お年寄りのお金稼ぎ」を超えて働き口としての質を高めなければならないという指摘が出てきます。高齢者働き口参加者は2022年約97万人で、6年で2倍以上に急増しました（※今年のデータは、6月までで101万8876人です）。「質の低い雇用」と批判していた現政権も、「大幅に増やす」と方針を変えました。しかし、高齢者たちが稼げるお金は月平均21万ウォンに過ぎません……保健福祉部が韓国開発研究院（ＫＤＩ）に依頼して分析した結果、低所得層の「高齢者働き口」対象である「公共型」は月20万ウォンにもなりませんでした。「民間企業との連携型」は28万ウォン台、参加者の教育・キャリアなどを必要とする「社会サービス型」が37万ウォン水準でした。もっと稼ぎたくても働ける時間が短いためですが、全体の4分の3を占める「公共型」は1日3時間以内、月30時間水準で、社会サービス型も制限があります。結局、「仕事を分けて（※1人でできるはずのものを大勢に任せて）」数字だけ増やしたわけですが、いまはこのような時ではないという指摘が出てきます。【ソ・ミファ共に民主党議員：「韓国は、世界中で高齢化が最も早く進んでいる国です。高齢者の雇用は単なる小遣い稼ぎではなく、老後の収入を確保し、社会安全網として機能しなければなりません」】。KDI研究陣は「米国・日本などは、すでに高齢者雇用の目標を質的向上に変えてある」とし、「公共雇用に留まらず、教育とインセンティブを通じて民間雇用に移せるように制度整備が必要だ」と説明しました。（『SBS』10月8日「ただの小遣いレベル、高齢者働き口月所得20万ウォン」より）……〉

先ほど、4月に裁判所が「勤労者ではないから労災保険はノーカン」という判決を出したことを紹介しましたが、ちゃんと労働災害と認められる人（高齢者働き口ではなく、普通に働いている人）でも、大勢の60歳以上の方が労災によって亡くなっています。最近、韓国でも働く高齢者が大幅に増えているからです。『ソウル経済』の記事によると、「産業災害（労働災害）」で亡くなった方の49％が60歳以上、その人数は１０８９人でした。日本の場合、亡くなった方は全世代合わせて７５５人（２０２３年）でした。記事はこのデータを、「60歳以上の働き口はリスクが高いもの、または相応の安全が保障されていないものが多いという意味」としています。

〈……３日、韓国雇用情報院が発刊した季刊誌「地域産業と雇用」冬号に掲載された「地域別高齢化と高齢層労働市場の現況」報告書によると、２０２２年下半期基準、全体で２７２３万７０００人の労働者のうち、65歳以上の高齢労働者の割合は、11・6％だった。労働者10人のうち１人は高齢者という意味だ。懸念されるのは、高齢者の産業災害だ。２０２２年基準で60歳以上の高齢者の産業災害者は４万５３３２人で、全体災害者（13万３４８人）の34・8％を記録した。亡くなった方の割合は49％（１０８９人）と、高かった（『ソウル経済』１月３日「労災死亡２人に１人は老人――老人貧困の恥ずかしい姿」より）……〉

ＯＥＣＤの最新データ（２０２１年データ、一部２０２０年）によると、66歳以上で貧困率40％を超えているのは韓国（40・４％）だけです。２００９年から同じニュースが確認できます。次に高い（２位）国はエストニア（34・６％）で、かなり差があります。ちなみに、アメリカが22・８％、日本が20・２％などです。ＯＥＣＤ平均は14・２％と非常に低いですが、これは、ＯＥＣＤ加入国に福祉政策がメインの国が多いからです。たとえば、ノルウェーは66歳以上人口の貧困率が３％台です。『ＳＢＳ』（２０２３年12月19日「韓国老人半分以上は貧困──働かずには生きていけない」）によると、「76歳以上を範囲にすると、50％を超えている」とのことです。

「孝」や「敬老」を最大の美徳としてきたはずなのに、どうしてこうなったのでしょうか。ちなみに、韓国では２０２４年下半期から65歳以上人口が１０００万人となり、２０２５年から超高齢社会に進入すると言われています。

第六章　崩壊する韓国

●母親や姉妹をポルノ動画に

このパートでは、経済以外の韓国の社会不安について取り上げたいと思います。かなりセンセーショナルな内容も含まれているので、少しだけ前置きをさせてください。先ほどの経済関連の話とは違い、「どれだけの割合の人たちに当てはまることなのか、データはない」という点です。個人的に気になった内容を率直に書いているだけです。

まず、家族価値観の崩壊についての話です。家族を殺害する酷い事件が世界各地で起きており、それぞれの国で大事に育ててきた伝統的家族の価値観が崩れつつあります。日本でも、韓国でも、世界各地で、家族同士による殺人事件などの悲しいニュースが流れています。今回取り上げたいものは、実際に人を殺める行為ではないものの、場合によっては殺人よりひどい結果になる、そんな話です。韓国の「一部の」メディアの情報によると、韓国の各ネットコミュニティでは、「いわゆるポルノ動画に、自分の母や妹の写真をコラ(合成)して、同じコミュニティの人たちに娯楽として提供する」遊びが流行っています。実はこれ、ブログに書こうかなと思いましたが、さすがに書けなかった話でもあります。

一行だけの説明でも十分頭が痛くなる内容ですが、もう少し詳しく説明すると、2024年9月、いわゆるディープフェイク・ポルノ動画が話題になりました。ここでいうディープフェイクとは、わいせつ動画に他人の写真などを利用して加工したフェイク動画のことです。たとえば、知り合いの写真をネットコミュニティに提供すると、そのコミュニティの人たちがその写真を共有し、写真の人物とポルノ動画の出演者を合成、まるで「その人物が性行為をしたような動画」を作ります。ほぼ間違いなく、そのコミュニティの外にも流出する可能性が高いと言えるでしょう。中には、最新技術を利用した本物と見分けがつかないような動画も多く、実際にこの動画を証拠に、人を脅迫する事件も発生しています。脅迫された人からするとまったく身に覚えのない話ですが、そんな動画が流出すると困るので、言うことを聞くしかない、そんな展開になってしまいます。

こうした事態を9月、海外の複数のメディアが指摘し、その多くが韓国人によって作られたものだという記事を載せました。記者が、ディープフェイクを作るためのネットコミュニティ、チャットルームのようなところを実際に見つけ、その中のチャット記録やファイル共有などを追跡した結果なので、詳しくどれくらいの割合なのかはわかっていません。

ただ、海外の保安関連会社の分析では、ディープフェイクの「被害者（作った人ではなく、動画に合成された写真の人）」の約50％が韓国人、そのほとんどはKポップ歌手だという分析もあります。ですから、韓国人が被害にあっただけで、実際に作っているのは中国だという話もありますが、海外の各メディアは「取材の際、チャットの記録は韓国語で行われていた」ことなどを根拠に、動画を作成あるいは流布しているのは韓国人が多いと主張しています。

もともと韓国は隠しカメラ（盗撮）が多く、特に2019年に話題になった「N番部屋」と呼ばれる違法ポルノ関連犯罪で、世界的に「この方面では有名」になっているので、各メディアの不信も相当なものです。N番部屋とは、中学生など未成年の違法ポルノを撮影し、ネットの世界でも特に危ない領域「アンダーグラウンド」のサイトで販売した事件です。関連案件の中でも歴代最大規模とされており、主犯などは韓国人でした。ちなみに、日本では「危ないわいせつ動画」といえば「モザイクなしのもの」くらいの認識が一般的ですが、多くの国では、実際に人を拉致・脅迫して撮影したものが多く（合意、演出されたものではない）、N番部屋もそのような類のものでした。以下、全文引用すると長くなりすぎるので、各記事をまとめた韓国の『マネートゥデイ』の9月13日の記事を引用してみます。

〈……『ガーディアン』、『BBC』、『ウォールストリートジャーナル（WSJ）』など主要外国メディアは最近、韓国のディープフェイク（Deepfake・イメージ合成技術）ポルノの事態を集中証明した。彼らは、韓国が隠しカメラ、テレグラム「N番部屋」事態など「デジタル性犯罪関連で黒い歴史がある」とし、今回ディープフェイクのポルノでも全世界的問題の震源地になったとした。しかし、ディープフェイクのポルノ問題は過去、米国などでも議論になったし、拡散した映像の大部分は中国で作られたものだとの主張もある。12日、主要外交メディアの報道を総合すると、メディアは韓国の性差別、セクハラ文化、歪んだ性への認識の中、AI（人工知能）など先端技術の発展、弱すぎる罰則などが重なり、韓国内のデジタル性犯罪の爆発的な増加につながったと指摘する。特に映像を流布するチャット・ウィンドウが韓国語で行われていたという点を前面に出して、ディープフェイク製作者と、これを望む人々は韓国人だと特定している。

WSJは「匿名のテレグラム・ユーザー数十万人が、画像と動画で合成された韓国女性たちの写真を当事者の許可なく流布した。映像が流布されたチャットのウィンドウは韓国語で行われた。これは、該当チャットルームの利用者たちが韓国人であることを教えてくれる」と伝えた。特に、一部の研究結果を引用して「韓国は全世界に拡散したディープフェイクポルノの約半分を供給する国家」とし、韓国のディープフェイク事態がかなり深刻な水準だと報じた。フランスの日刊紙『ルモンド』は、過去長い間「違法撮影共和国」と呼ばれていた韓国が、今は「ディープフェイク共和国」になったと伝えた（『マネートゥデイ』9月13日「ディープフェイク共和国の汚名を被せられた韓国、密かに手伝う中国」より）……〉

これだけなら本書に載せるまでもなかったかもしれません。ですが、問題は合成に使われた「写真」です。もっとも簡単に撮影できる女性の写真とは、何でしょうか。なんと自分の家族、母親や妹の写真をいくつかの角度から撮影し、それをネットコミュニティで共有して、ディープフェイク動画を作って「楽しむ」行為が、韓国の複数のメディアから報じられました。普通のネットコミュニティで話題になっていた案件を、各メディアの記者たちが実際に確認した内容ですが、２０２４年8月（主に27日）複数のメディアがこの件を報じて、ネットでもかなり騒ぎになったにもかかわらず、なぜか続報がなく、そのまま終わってしまいました。先ほどの『マネートゥデイ』の記事など、9月までは関連したニュースが続いていましたが、急に続報が止まったのはちょっと気になるところです。模倣犯対策として、かもしれませんし、それならば十分に同意できます。しかし、先ほどの複数の外国メディアの報道の後、各メディアの記事は、いっせいに「韓国は『被害者』だ」という論調に変わりました。

この家族絡みの件も被害者である点を強調するために、続報がなかったのではないか。そんな気もします。疑い出せばキリがないでしょう。繰り返しになりますが、世界のディープフェイクの半分が韓国のものだとしても、この「家族もの」の割合がどれだけあるのか、確たるデータはありません。ただ、各メディアの記事を読んでみると、記者が同様の内容のチャットルームなどを見つける過程において、そこまで苦労したという指摘はありません。長い間、儒教的な観点からも「家族関係（血縁中心）」を最大の価値としてきた韓国。単に外から見える形だけでなく、その内側も崩れかけているのではないか。見苦しい内容ですが、社会不安要素として、本書で取り上げた次第です。

〈……女性の顔にポルノ動画などを合成する「ディープフェイク」犯罪が、妹や母親など家庭にまで広がっています。今日（※8月27日）各種オンラインコミュニティには、テレグラム・チャットルームで家族のディープフェイク写真を共有しているという内容が、写真とともに上がってきました。X（旧ツイッター）には、「家族に男がいる女性の皆様、気をつけてください」とし、「睡眠薬飲んで寝ている間、（※その男が家族を対象に）性犯罪を行っています」などとの内容が投稿された。投稿に添付されている、あるチャットルームのキャプチャー画像の内容を見てみると、家族の写真を共有した参加者たちが「お母さんお風呂に入っているうちにこっそり撮影したもの」、「妹にこっそり睡眠剤を飲ませて写真撮った」と、こっそり撮った写真と映像を上げ、他の参加者はこれに対し「羨ましい。私もやってみるべきだ」、「映像をもっと撮ってもっと共有してほしい」という反応を見せました（『MBN』8月27日「寝ているうちに、お風呂のときに——家族までディープフェイクのパニック」より）……〉

●男女嫌悪と名誉欲

記事に載っているキャプチャー画像（テレグラムのチャットルームの画像）には、「羨ましい」、「睡眠剤を飲ませて脱がせばそれでいいだろう」など、いろいろとひどいことが書かれていましたが、個人的には「最近、女性の人権が上がりすぎたから、これくらい問題ない」という内容が気になりました。韓国では「男女嫌悪」といって、女は「男に差別されている」、男は「女ばかり特権を享受している」など喧嘩が起きています。この男女の権利問題は、若い層においては政治的なこと（たとえば大統領選挙の支持率）にも影響すると言われています。家族の前に、男女として見ているということでしょうか。続けて、もうひとつ引用してみます。

〈……最近、大学だけでなく全国の小・中・高等学校などでも女性の顔を裸の写真などに合成する「ディープフェイク」犯罪が流行っている中、自分の家族まで犯罪の対象にしている。27日、『聯合ニュース』などによると最近、ある大学で女子学生の顔にポルノを合成したディープフェイク映像が流布されたのに続き、同種類のチャットルームが相次いで発見され、衝撃を抱いている。被害者の中には大学生だけでなく、中高生など未成年者も含まれていた。加えて教師、女性軍人などもあり、「被害学校名簿」とされている学校だけで100か所以上あると伝えられた。ディープフェイク犯罪は、知人の間だけに限らず、家族にまで広がり始めた。最近、オンラインコミュニティには「姉と妹などの写真や個人情報を共有するルームがある」という内容が掲載されている……ある投稿によると、同様のチャットルームには約2000人が参加しており、参加者の多くは中・高校生だったという……

……問題のチャットルームの会話内容を見てみると、彼らはチャットルームに上がってきた写真や映像などをディープフェイク技術で再加工して動画などを製作する方式で犯罪を行っていた。あるチャットルームには寝ている妹の写真が載っていて、あるチャットルームには「お母さんの写真を共有してから、なんというか、私が英雄になった感じがして嬉しい」などの内容が書いてあった。写真と映像だけでなく、家族の身元情報も共に共有された。ある利用者は妹の名前、年齢、居住地、SNSアドレス、電話番号、学校情報などを明らかにし「妹は脅迫に弱い」と書いていた（『イーデイリー』8月27日「妹、母親……ディープフェイクは家族にまで広がっている」より）……〉

繰り返しになりますが、どれだけの人たちがこうした犯罪に加担しているのかはわかりません。しかし、儒教思想などの影響で「家族」（もっと言えば「血縁」）を何より重要な価値観としてきた韓国社会だけに、怒りや不愉快さより、ある種の「脱力」を感じてしまいます。では、なぜこんなことになっているのか。さすがにひとつの理由だけで説明できるとは、とても思えません。ただ、一部のメディアに名誉欲という言葉が出てきたのは、興味深いことです。実際にそのようなチャットルームを見つけて取材したネットメディア『プレシアン』は、こうした問題が発生する理由を「名誉欲」から見つけようとしています。記憶が朦朧《もうろう》とする睡眠剤の容量まで書いてくれる親切な（？）人もいたとか、チャットルームの名前からして「家族凌辱の部屋」とかそうした名前のものが多いとか、もう頭が痛いという表現では収まらなくなってきたところですが、「英雄になったようだ」と話す人がいたというように、その中でも名誉欲という言葉がひときわ目立っていました。

〈……彼ら（※チャットルーム参加者たち）は、女性の家族を日常生活の中で撮影した写真などを共有した。また、親族の下着の写真、服を着替える写真、お風呂に入る写真などをアップロードし、親族が眠っている間に服を脱がし、セクハラする映像を撮った。不法撮影物の中には、セキュリティのために家に設置する「ホームカム（※家庭用防犯カメラ）」映像を利用したと思われる写真などが確認できた。この犯罪のために親族に○○（※睡眠薬品名が入りますが、ここでは訳しません）など薬物を注入した情況も明らかになった。２７００人あまりが集まって知人・親族を対象とした不法撮影物を共有するテレグラムのチャットルームで、妹の映像を上げた加害者は、「睡眠薬を飲ませると、起きない」と犯行のために薬物を使った点をまるで誇っているように話していた。これに加担者たちは○○（※睡眠薬品）など具体的な容量まで勧めていた。加害者たちはこのようにチャットルームに上がってきた映像をディープフェイクにして、再配布していた。「家族の写真を送れば、ディープフェイクにして他の人たちと共有する」など、犯罪映像を交換するという加害者も多い。このような構造を通じて、チャットルームに犯罪映像物は増え続け、加担者たちは競争するように犯罪を続けていった。

彼らが犯行を続けるもっとも大きな理由は「名誉欲」だった。「家族凌辱」という名のルームで母親の写真をアップロードした人は、「写真を共有してから何か英雄になった感じだなｗｗ 気持ちいい」と話し、他の加害者は「（※家族の裸体写真などを）他の人たちに自慢したいけど、さすがに自慢できるところがなかったのでここに来た」と話していた。加害者たちはお互いにこの欲望を煽った。「大胆だ」、「私もやってみたい」と違法撮影物を載せた加害者を褒め称える一方、より深刻な犯罪を促した。要求を拒否した人には、「怖いのか?」などと責め、受け入れた加害者には「英雄だ」と偶像化した。またチャットルーム管理者は、犯罪に加わらず沈黙する加入者たちを着実に追放するなどで、新しい違法撮影物を集めるよう、事実上強要していた（『プレシアン』8月26日「ママの映像を共有すると英雄になった感じww　ディープフェイク、親族にまで拡大」より）……〉

●家族の価値観の崩壊

名誉欲のために家族を犠牲にすると聞いてハッと思いついたのが、10年ぐらい前に話題になった「10億ウォンが手に入るなら、罪を犯して1年間刑務所に入ってもいいのか」という調査結果です。この問題、10億と1年という数字だけが注目されていますが、実は調査の目的は倫理意識に関するものでした。すなわち、重要なのは「罪を犯して」の部分です。紹介する一部のメディアもこの点を看過して、「悪さをして」、「間違いを犯してでも」

とゆるい文章で紹介していましたが、実際は「罪を犯して」となっています。当時の記事をひとつ紹介します。

〈……高校生の半分が、大金が手に入るなら罪を犯して刑務所に行っても大丈夫だと思っていると調査された。「興社団」透明社会運動本部倫理研究センターが10日発表した「2013年青少年正直指数と倫理意識」調査結果によると、高校生の回答者の47％が「10億ウォンができたら罪を犯して1年ほど刑務所に行っても大丈夫」と答えたことがわかった。これは前年調査に比べて3％高くなった数値で、中学生も昨年より5％高い33％がこのように答えた。小学生は前年より1％高くなり13％だった（『マネートゥデイ』2013年10月10日「高校生の半分、10億もらえるなら監獄入ってもOK」より）……〉。

韓国内には、この結果を少子化問題とつなげて考える専門家もいます。それほど話題になっている見解ではありませんが、家族を重視しながら育った人は、家族の優先順位を高くするので、決定的なほど経済的な問題がない限りは、結婚して家庭を作ることを優先するというのです。私もブログや本などで紹介したことがありますが、ピュー・リサーチ・

センターの「人生に意味を与える存在はなにか（What makes life meaningful）」という調査で、日本を含めて多くの国が「家族と子ども」を1位に選びましたが、韓国は「お金（物質的な豊かさ）」を選びました。しかも、三つ選べるのに、「お金」ひとつだけを選んだ人が多かったことで、当時（2022年、レポートは2021年データ）のレポートでも興味を示されていました。

たとえば、ソウル大学経済学部のホン・ソクチョル教授など一部の専門家が、このような家族の優先順位を下げる価値観が、最近の急速な出生率低下につながっている、と指摘しています。韓国の合計出生率は、0・72人まで下がっています。家族関係という価値観の崩壊。何度も書いていますが、こうした犯罪がどれくらい起きているのか、データ化はされていませんが、従来の価値観に何かとてつもない亀裂が入っていることだけは間違いないでしょう。最後にひとつだけ書き加えると、「儒教思想による家族関係を重視してきた社会で、なぜこんな事態が生じているのか」という旨を書きましたが、「（たとえ家族でも）女性を仲間の一因として見ていないからこんなことになる」と主張する専門家もいます。上下関係に特に厳しく、極端な女性差別につながった朝鮮半島の儒教思想が、むしろ原因のひとつである、というのです。なぜこんな恐ろしいことになっているのか、正解は誰にもわかりません。

●「首都」の意味がわからない若者たち

さて、社会不安関連ではこれが最後になりますが、漢字語関連です。漢字語とは、ざっくり言えば韓国における日本の漢字とイメージしてください。いまから15年以上前にも同じ話がありました。「字を『読む』ことができる人は多い（識字率は高い）のに、その『意味』がわからない人も多い」という内容です。たとえば「1日3回、食後にお飲みください（※韓国語で）」と薬の服用法が書かれた文章を、「イチニチサンカイショクゴに〜」と声を出して読むことはできても、実際にいつどれくらい飲めばいいのかがわからないというのです。

2014年11月24日、『KBS』の「ハングルはやさしいのに、中・長年になんでこうも実質的な非識字率が高いのか」という記事では、重大な問題なのにほとんど関連調査もなく話題にもならないとしながら、「一部の研究者の間では、『恥ずかしい統計だから広く知らせようとしなかったのではないか』という話も出てきている」と指摘していました。

以後、機能、技能、実質、など多くの表現でこの現象が書かれてきましたが、最近は「文解力（文章読解力）」という言葉が広く使われるようになりました。ただ、最近の文章解読力の関連記事は、２０１４年に『ＫＢＳ』などが指摘した問題とは多少異なり、「単語がわからない」ものばかりになっています。個人的に、この点には違和感がありますす（文解力という言葉ができたのも趣旨とは別のことが話題になっていて、もとの趣旨に関する議論はいまでもタブー視されているので）。しかし、違和感があるとはいえ、「単語がわからない」というのも、これはこれで深刻な問題です。以下、仕方ない側面もありますが、本書では「若い世代に『わからない単語』が多すぎて、前の世代と会話が通じなくなってきた」という現象を取り上げます。なぜ単語がわからないのか。いろいろ理由がありますが（純粋に使われなくなった単語もあります）、この場合、その対象となるのはほとんどが漢字語です。漢字教育を受けた、または漢字語（漢字でできた韓国語）を拒否感なく使っていた世代と、いまの世代との間では、もはや「学校のテスト の際、教師が学生に『問題に使われた単語の意味』から説明しないといけない」状態になっています。

これから紹介する事例には、日本ではあまり使わない表現や単語（漢字でできたもの）も出てきますが、すべて韓国では普通に、そして広く使われている表現・単語です。少なくとも私の世代では、ですが。たとえば、中学校のテストで「日本の首都はどこですか」という問題があったとします。しかし、中学3年生が「シュド（首都）」の意味がわからないというなら、先生は「首都」が何なのかをまず説明しないといけません。「日本の首都はどこですか」というテストの「内容」の前に、首都という「単語が通じない」からです。これは、実際に韓国メディアの関連記事で出てきた事例です。先ほども書きましたが、文章の内容が理解できない人が、主に中年、長年に多いという話は私も前から聞いていました。でも、もはや内容とか理解とかそんなものについて語る前に、若い世代との間では一般的とされる単語の情報のやり取りそのものが成立しません。むちゃくちゃです。もし生徒が「東京」だとわかっていても、「首都」が何かわからないから、問題を解くことができません。これは、テストとして成立するのでしょうか。以下、関連記事をいくつかピックアップしてみます。

〈……「事の始発点（※韓国では「物事の出発点」などの意味でよく使う表現です）」と言ったら、生徒たちが『先生なんでそんなひどいことを言うんですか（※始発は、ある攻撃的な言葉と発音が同じです）』と言うのですよ」、「頭髪の自律化（※ヘアスタイルを自由にできるようにする制度）についての議論をするのに、生徒側は頭髪を両足（※発音だけだと、二本の足ということになる）だと思っていました」……教師10人のうち9人が、「学生たちの文解力（文章読解力）が前より低下した」と認識するというアンケート調査の結果が出た。韓国教員団体総連合会が全国小・中・高等学校教師5848人を対象に実施し、7日公開した「学生文解力実態認識調査」によると、「学生たちの文解力が前と比べてどうか」という質問に「低下した」（53％）、「非常に低下した」（39％）など、低下したという回答が91・8％に達した。

具体的には、当該学年の平均レベルと比べて、文解力が足りない学生の割合を尋ねる質問に、回答者の半分に近い48・2％が「21％以上いる」と答えた。「31％以上いる」という回答も19・5％に達した。文脈と意味をよく理解できない学生が21％以上だと答えた教員も46・6％だった。難しい単語や漢字語を理解できない学生の割合をたずねる質問には、回答者の67・1％が「21％以上」と答えた。助けなしに教科書を理解できない学生が21％以上いるという回答は30・4％、問題を理解できず、テストを受けるのが困難な学生が21％以上という回答も21・4％だった。

実際の事例をたずねる質問には、「今日を金曜日に勘違いしている」、「「往復3回と言ったら、往復がなにかわからないという」……ある教師は「小学校6年生の生徒を対象に言語能力評価してみたが、ほとんどの単語レベルが3年生以下だった」とため息をついた。「高3が『風力』とは何かと質問してくる」、「単語まで教えながらやらないといけないわけだ」などの話も出てきた（『ソウル新聞』10月7日「始発点？ 先生、なんてひどいことというのですか――中3が首都の意味もわからず」より）……〉

●国語が通じない

同じ内容の『国民日報』の記事（10月7日、「縦に立っているのなんで街路灯？ 教師たちを驚かせた文解力」）によると、「2＋3＝5のような問題は解ける学生でも、『りんご2個とバナナ3個を合わせれば5個になります』のような文章の問題は解けない」、「文章が少しでも長いと、読むことをあきらめる」という話も出ています。これは、先ほど書いた「10年〜15年前の記事」と似たようなものだとも言えるでしょう。しかし、いくつか記事を読んでいると、現在の問題、特に若い世代と年長世代の間の「断絶」の原因は、主に漢字語、言い換えるなら「国語」です。

う ろ覚えですが、韓国でも『幻想特急』という名で放送され人気を博したアメリカのドラマ『トワイライト・ゾーン』でも似たようなエピソードがあったと記憶しています。人との会話を尊重しないある男が、ある日、誰とも会話できなくなってしまう内容です。「ローマ字」を使うのは同じなのに、その組み合わせというか、単語の意味や使い方がまるっきり別物になって、子どもが急に病気になって悲しんでいる妻に対して、温かい一言もかけられなくなる、そんなエピソードでした。さすがにそこまではならないでしょうけれど、この韓国の漢字語関連記事、多くの記事や専門家が「漢字教育」を解決策のひとつとして出していますが、もともと入試が大変な状況なので、いまになって義務教育に漢字を復活させるのは容易ではないでしょう。ちゃんと教えられる先生もどれくらい残っているのかわかりません。

もちろん「大人だって、若い世代の新造語がわからないじゃないか」という反論もあります。韓国で何かビジネスをやったことがある方ならご存じでしょう。韓国では、ビジネス関連のメールにもネット用語などを普通に使います。格式にもよりますが、かなり大きなビジネス案件のメールに絵文字などがついていて、びっくりしたこともあります。

ですが、「漢字語がわからない」というのは、「新造語がわからない」と同列に語っていいことではありません。漢字語というのは、国語（韓国語）の一部です。ひらがなやカタカナなど「かな」は日本語ですが、「かなだけ」が日本語というわけではありません。同様にハングルだけが韓国語ではありません。漢字語も韓国語であり、韓国語の7割は漢字語でできています。ですから、この件は「国語が通じなくなっている」というところに問題の本質があると言えます。

それに、すべてではないにせよ、事例として出ている単語（漢字語）は、「代替できる別の単語がない」ものばかりです。代わりに使える固有語がない、またはあるとしてもマイナーすぎて、誰も聞いたことのないものばかりです。そもそも韓国には固有語があまり残っておらず、たとえば、何かあればすぐ民族、民族と「韓民族（朝鮮民族）」であることを強調しますが、民族というのも日本語で、朝鮮半島の固有語ではありません。親族、または枝や道などがわかれていることを意味していた「ギョレ」などの言葉を使ったりもしますが、それらが民族という意味になったのは1910年以降のことです（忠北大学校国語国文学科チョ・ハンボム教授の寄稿文、『文化日報』2018年12月7日「チョハンボム教授の語源の話、ギョレ」より)。

すなわち漢字語を代替できる言葉がないのが現状で、それらを抜きにすると、語彙というか、表現そのものがどんどん狭くなっていきます。世代ごとに使う単語や表現が異なるのはよくあることですが、国語レベルの話である以上、そうした差異とはまた別のものです。記事からもう少し事例を紹介しますと、ガロドゥン(街路灯)のことを、「縦(セロ)に立っているのになんで横(ガロ)というのか」と不思議に思う学生がいたという話には、さすがに私もちょっと笑ってしまいました。私が知っている限り、街路灯を代替できる言葉は、韓国語にはありません。

●歴史を教えられない教育現場

これは「古い資料が読めない」現象にもつながっています。学校の授業の一環で文化遺産を訪れた中学生とその教師たちの話ですが、学生たちが「説明文が読めない」というのです。記念館や文化遺産(関連遺跡や遺産)などで行う授業を現地踏査と言いますが、東学関連の踏査授業でのことです。東学とは、「学」となっていますが実は宗教で、１８６

0年に崔済愚《チェジェウ》（チェ・ジェウ）という人が起こした宗教運動です。後の「甲午農民戦争」につながり、日本軍とも戦ったことがあるので、韓国では高く評価されています。その踏査授業に同行した『オーマイニュース』の市民記者が書いた記事（2024年6月）を読んでみると、いろいろ傑作です。

「彼らはここで謀議して」と教師が説明すると、学生たちは「謀議ってなんですか？」、「模擬テストの模擬も同じ意味ですか？（※発音が同じ）」と質問しました。教師は「ええと、だから作党して、謀議したというあの謀議だよ」と話したら、今度は「さ、作党ってそれはまたどういうことですか」と学生たち。教師は「け、計略を立てていたといえばいいかな」としたものの、今度は「計略」の意味も通じず……。教師からしたら、本当に誰にどうクレームを入れればいいのかと困るところでしょう。先ほどからずっとそうですが、漢字を漢字で直接「読む」、「書く」という話ではありません。韓国語で表記されている漢字語、日本語で言うと「しゅと」が何の意味かがわからない、というわけです。読めなくなったその漢字語に相応する、代替できる何かの「言葉または語彙」が用意されていません。記事は、結局は「わかりやすく書くしかないので、小学生用でも高校生用でもレベルが似ている」と嘆いています。

〈……「難しい漢字の代わりにわかりやすい私たちの言葉に変えて書くのが望ましいと思います」、「難しい漢字語を身につけるようにするのが正しいと思います。語彙力と思考力は比例します」。引率教師たちの間で、時々議論が起こった。管内の中学生たちと東学をテーマに話を進める途中だった。漢字語のある遺跡の案内板が読めるどころか、私たちの言葉でできている説明すら理解できない中学生たちのことで、さまざまな意見が出てきたわけだ。碑石や扁額などに刻まれている漢字は、学生たちにはどちらかというと「抽象画」だった。意味はともかくとして、一つの文字でも読める子が十五人のうち一人もいなかった。漢字を学んだこともなく、教育課程に開設されている場合でも「その他の科目」扱いで、ちゃんと勉強する場合がほとんどないからだ（※大学入試に出ない、成績に重要ではない、という意味）。

学生たちは「謀議記念塔」で「謀議」がどういう意味かをたずねてきた。「作党して謀議」というじゃないか、と話すと、今度は「作党」がなんですかと聞いてくる。踏査の授業が、急に単語解説の授業のようになった。さらには、「模擬テスト」のあの模擬ですか質問された時には、さすがに言葉を失った……「計略を立てること」と説明したところ、ああ、今度は「計略」が何を言うのかとまた質問されてしまった。漢字語に代わる私たちの言葉になにがあるのか、続けて考えながら、何度も何度もこんなやり取りが続いた。

中学生たちは「古宅」が昔の家だという意味だとわからず、読み取ることができず、「官衙跡」も、当時に官庁があったところだと説明しなければ、理解できなかった。「官衙」という言葉からして難しかったようだ。当初、古宅の代わりに「昔の家」、「官庁があった場所」などと表記しなかった関連公務員の無関心が問題だとする声も出てきた。遺跡地ごとに世の中を救済するという意味の「済世」、国を助けるという「輔国」、民を快適にするという「安民」……なども詳細な意味を説明しないと、とうてい理解できる言葉ではなかった。スケジュールに追われて、これ以上単語の意味を説明することもできなかった。遺跡を直接訪ねても、漢字が読めなくて何もわからないのが現実であるわけだ……

……結局、漢字を教えなければならないという主張は、何度も力を失ってうやむやになった。中学校では難しいという理由で漢文教科を避けるし、高校では大学入試に必要ないという理由で選択しない。最近は、大学生でも自分の名前を漢字で知っている場合が珍しいという。書いてある内容に漢字が減ったのは事実だが（※ハングルだけの表記にするところが増えてきたそうです）、依然として文化遺産案内板が読めない、わからない。読んでみなければ理解できないので、そもそもまったく見ない。小学校の低学年の子どもと、高校生を対象にした説明が、あまり変わらない。理解する語彙のレベルに、さほど差がないからだ（『オーマイニュース』6月17日「古宅ってなんですか？　野外教育で困ってしまう教師たち」より）……〉

●現実から「目をそらす」だけ

特に気になるのは、引用最後の「小学生用に書いたものでも高校生用に書いたものでも、その語彙のレベルがほぼ同じ」だという部分です。これだと昔の資料はもちろん、最近書かれた文学レベルの文章が理解できるのかどうか怪しいものです。個人的に、いまからでも漢字を少しずつでも教えるべきだと思っています。実際、記事本文にもあったように「ちゃんと漢字を教えよう」という主張も多く、各メディアの記事でも目立っていますが、入試メインの教育では事実上、無理です。逆に「わかりやすい言葉（ハングル）をもっと広げればいいじゃないか」という意見もなかなか根強いです。そんな相反するふたつの意見を紹介しましょう。折しもどちらも『京郷新聞』（6月25日、10月6日）ですが、漢文教育関連教授が書いた前者は漢字教育の必要性を強調している反面、現役作家が書いた後者は「漢字を使うからそうなる。もっと平易でわかりやすい言葉を使えばいい」という意見です。余談ですが、韓国メディアの記事を読んでいると、たとえば外交などでなにかうまくいかないと「大丈夫だ、何もする必要はない」という意見が出てきたりします。経済安保などにおいても、米国と中国の間でどちらかに「つく」必要はなく、何もする必要はない、韓国は半導体やバッテリーなどで「超技術力」（韓国メディアは「超格差」とよく書きます）があるので、米国も中国も何もできない、そんな意見が結構出ていました。特にムン政権の時に。「目をそらすだけ」という意味で、似ている気もします。ちなみに、そうした趣旨の記事が出てからまだ5年も経っていませんが、バッテリー関連は中国勢に完全に負けてしまい、次世代電池開発特許などでは日本に負けており、ファウンドリー半導体は台湾に負け、メモリー半導体は中国が猛追撃しています。一部素材や部品装備などを「国産化した」としているものの、対日貿易赤字は相変わらずで、中国依存度は高くなりつつあります。

〈……若い世代の文章読解力に対する話が、最近になって社会問題にまで広がっている。

後で知らせるという意味の「追後公告」を、「追後という名の工業高等学校（※公告と工高は発音が同じ）」と理解したとか、「非常に深く」という意味の「甚深」を「退屈な（※発音が同じ）」と受け入れたという内容などがそうだ。原因のひとつとして「漢字教育の不十分」を指摘する声が高い。私たちが普段使う言葉のうち6割以上が漢字語なので（※韓国の国語の約7割が漢字語です）、そんな主張はかなり説得力がある。漢字の勉強が足りないと言う人の意を正確に理解しにくいのも事実だ。しかし、文解力の問題の解決策を、「読む人」だけの問題だとするのは、間違っている……問題は、読む人より書く人によって生じたりもする……

……最近、時代に合わせて簡単でもっと簡単な言葉を使わず、難しい漢字の言葉を使うのがより大きな問題だという意味だ。「今後公告」を「あとになっておしらせします」または「あとでしらせます」に、「甚深」を「ふかく」と表現したなら、そもそも文解力論議が生じることもなかっただろう。誰かに読んでほしいなら、その誰かに配慮した言葉で書かなければならないが、その「誰か」は年齢・学歴などが異なるものだ。彼らを全員理解させるのにもっとも役に立つのが「簡単で平易な言葉」だ。また、漢字の言葉を書かなければならない状況なら、大多数にもっとも慣れた単語を選ぶ努力が必要だ。難しい外来語や漢字語は使わない方がよい。結局、文解力不足の問題は、「漢字教育」より「簡単で快適な私たちの言葉を正しく使おうとする社会的努力」でその答えを見つけることができる（『京郷新聞』10月6日「漢字語の誤・乱用が文解力を下げる」より）……〉

●国語力低下の要因は「反日」

逆に、こういう意見もあります。これはヨーロッパに留学（交換学生）したことのある学生が教授に送った手紙（テストの答案用紙に学生が勝手に書いた教授へのメッセージのようなもの）の内容ですが、ヨーロッパでフランスなど外国の学生たちが集まって自国の文化について話す場があったそうです。詳しくどういったテーマの場だったのかはわかりませんが、全文の流れ的に、交換学生たちが自国の文化を「よい意味で」自慢する場だったと思われます。ですが、この学生はこれといって話せることがなく、特に漢字がわからなかったので、古いものについては何も話せなかった、ちゃんと教育課程を修了したつもりだったのに、なぜこうなのだろうか自分を責めるしかなかった、という内容です。続けて引用してみます。

〈……誠実に授業を受けて、テストなどでもよい成績の学生なのに、期末テストの答案用紙にこんな「手紙」が書かれていた。交換学生としてヨーロッパに行った時、自分の国の文化を説明し、誇りを示し合う友人たちの間で、私たちの文化についてちゃんと話せない自分を発見した経験から始まり、このような言葉が続いた。「目の前に置かれた（※なにかの資料の）単純な漢字でさえ、フランス語よりも難しい宇宙語に見えました。教育課程をそれなりに忠実に履修したつもりでしたが……なぜ私たちの言葉と私たちの文化を理解するための重要な漢文には目を閉じてきたのか、私自身が驚くほどなさけなく感じられました、と。読んでいたら悲しくなって、その学生にEメールを送った。その問題は学生の責任ではなく、教育の問題であることを強調しながら、必要以上に自分を責めないように、とお願いした……母国語の一つの「軸」とも言える漢字をまったく学ばなくても、優秀な成績で公教育を履修できる現実は、果たして普通のものだと言えるのだろうか（『京郷新聞』6月25日「韓国語教育と漢字教育」より）……〉

『トワイライト・ゾーン』の世界（とまではまだ言えませんが）へと向かっている世代間

の断絶。「スマホばかり見るな」とか「もっと本を読め」とか、いろいろ聞きますが、スマホで読む文章だってほとんどは普通の文章でしょう。個人的に、これは「家で家族（親など）とほとんど会話をしない」ことがもっとも大きな問題ではないだろうかと思っています。先ほども書きましたが、別に漢字で書けるようになろうとかそんな話ではありません。少しでも上の世代と話す機会があったなら、首都や街路灯がわからないという事態にはならなかったでしょう。

最後に、この問題の根本は「反日」にあるという主張もあります。個人的に、この意見に強く同意しています。いまもそうですが、戦後、韓国で「民族主義」とは日本をどれだけ悪く言えるかで評価される、反日思想そのものの意味でした。この気流が少しでも収まったのは、1960年代になって朴正熙《パクチョンヒ》大統領が「わたしたちの敵は北朝鮮だ」とする反共思想を国是化してからです。正しい民族主義とは、日本を悪く言うのではなく、北朝鮮を統一して「北側の私たちと同じ民族」を解放することである、と認識を変えたのです。

民族主義を韓国よりも強く掲げた北朝鮮は、戦後すぐに漢字を廃止しました。しかし、北朝鮮では漢字を廃止したと言いながらも、脱北者などの話によると、「漢字がわかる人は、教養が高い人だとされる」とのことです。韓国の場合、戦後もかなり長く漢字を使用しました。当時の新聞記事などを見てみると、漢字で書かれた単語に小さくハングルが表記されています。ただ、1948年10月9日の「ハングル専用に関する法律」で「公文書」ではハングルだけを使うと法制化されました。「大韓民国の公用文書はハングルで書く。ただし、しばらくの間は必要なとき漢字を併用できる」と（以下の『法律新聞』寄稿文の筆者によると、その10月9日がそのまま「ハングルナル（ハングルの日）」になったとのこと）。これには、言うまでもなく民族主義が関わっていました。1948年7月3日の『東亜日報』の記事「人民の話が否決二十ニ次本会下年分」を読んでみると、「日本人が私たちを朝鮮人、半島人と呼ぶから、朝鮮半島という呼び方を別のものにしよう」という案まで国会に出ていました。そうした流れにおいて、漢字廃止も議論されていたのでしょう。いまはハングル専用に関する法律は廃止され、国語基本法というのがあります。「公共機関等の公文書は、語文規範に合わせてハングルで作成しなければならない。ただし、大統領令で定める場合には、括弧の中に漢字又は他の外国文字を使用することができる」などです。漢字を使用する前提は、「意味を正確に伝えるために必要な場合」や「見知らぬ専門語または新造語の場合」などです。以下、ちょっとめずらしいメディアですが、

『法律新聞』というところから引用し、そのまま本章の終わりとします。

〈……なぜ私たちは漢字を使わないでいるのだろう。韓国社会全般に広がったポピュリズムのためではないだろうか。ハングルだけにして、漢字はやめるという社会的気流は、併合時代の民族主義文化運動の一部として本格化した。漢字はすでに文化の核心だったのに、それを私たちの文化ではないとか、なるべく韓国文化から外すとか、それはバランス感覚を失っているだけだ……多くの方々が国語とハングルを混同する傾向がある。ハングルは国語を表記する私たちの固有文字、つまり国語表記のための手段であり、国語自体ではない。国語を民族文化の発展、継承のために使用して発展させたいというのなら、その文化のために国語があるものであり、国語のためにハングルがある……国語基本法のほぼすべての用語も、漢字だ。これこそ、漢字が国語の根幹であるという事実を証明している。著名なソウル大学国史学教授が、国史学生徒たちが漢文はおろか漢字を知らず、国史の史料が読めないとなげくのを聞いたことがある。国史研究能力が弱くなると、誰が私たちの文化を受け継いで子孫に伝承できるというのか（『法律新聞』2023年10月5日「国語とハングルと漢字」より）……〉

おわりに

岸田・ユン両政権下において、日韓が「関係改善」されたとのイメージ。しかし、国内に関係改善の希望的な雰囲気がなければ、それは砂上の楼閣にすぎません。その事実を知ってもらうために、本書の後半では、恐るべき韓国社会の実態について記しました。互いの社会の中に、希望と活力があってこそ、本当の関係改善につながると考えるからです。

その上で、昨今の自民党政権と韓国の関係を振り返ると、どこをどうみても「関係改善」はなかったし、その土台もできていないというのが私の見立てです。

いま、韓国社会と同様に日本も経済政策などで手いっぱいでしょう。ネットの時代ということで、「韓国の日本観」が広まったことも、今後の日韓関係を考える上では外せません。本書をここまで読んでくださった読者の皆さまは、どうお考えでしょうか。

もともと韓国が信じている「正しい日本の姿」は、「謝罪」と「賠償」というふたつのワードに集約されます。賠償というのは違法的なことに対して支払うものなので、すなわち罪を認めろという意味にもなります。余談ですが、「補償」はそうではありません（法律的なものではない)。この補償と賠償の差について韓国の市民団体はよく調べもせずに「日本は補償せよ」とか言ったりしますが、韓国が要求しているのは、正確には「賠償」です。謝罪と賠償。このふたつは、韓国基準では上下を決める決定的な要因にもなります。このふたつがないと、韓国にとって「真の日韓関係改善」は成立しません。本書でも韓国側が「共同宣言などで、新しい謝罪が必要だ」と思っていることをお伝えしましたが、それもすべてが同じ目的のため。交流がどうとかの話は、名分づくりにすぎません。

今回、自民党政権の基盤が大幅に弱体化されています。

こうした状況下で、日本の政治家が韓国に新しい謝罪を言い出し、何かのメリットになるとは思えません。韓国内では、石破首相に対して「コップの半分」を期待する声が出ていますが、現状を鑑みて「靖国神社に参拝する高市早苗が首相になるよりはマシだったが、それ以上は期待できない」とする意見が目立っています。とはいえ、政治基盤の弱さから石破首相は韓国から「あまく」見られている側面もあり、「共同宣言」、「関係改善」、「コップの半分」という新しい謝罪要求、事実上の賠償要求は、これからも続くでしょう。

個人的に心配なのは、岸田・ユン両政権での表面上の流れを「改善」とするなら、それと異なる路線のものは「悪」になるのではないか、そうした点です。人権、平和、環境、友好など、美しい言葉を持ち出して、実際はそれらの言葉の真の意味とは異なる方向へ導く、いわゆる「ミスリード」が流行っている今日この頃。これから自民党政権がどうなるか、というより誰が総理大臣になろうとも、政権交代が起ころうとも同じことですが、日韓関係「改善」という美しい言葉に騙されず、日本の国益を最優先する道を選んでくれることを、期待してみます。

シンシアリー(SincereLee)

1970年代、韓国生まれ、韓国育ちの生粋の韓国人。歯科医院を休業し、2017年春より日本 へ移住。2023年帰化。母から日韓併合時代に学んだ日本語を教えられ、子どもの頃から日本の雑誌やアニメで日本語に親しんできた。また、日本の地上波放送のテレビを録画したビデオなどから日本の姿を知り、日本の雑誌や書籍からも、韓国で敵視している日本はどこにも存在しないことを知る。アメリカの行政学者アレイン・アイルランドが1926年に発表した「The New Korea」に書かれた、韓国が声高に叫ぶ「人類史上最悪の植民地支配」とはおよそかけ離れた日韓併合の真実を世に知らしめるために、韓国の反日思想への皮肉を綴った日記「シンシアリーのブログ」を開始。当ブログは1日10万PVを超え、日本人に愛読されている。初めての著書『韓国人による恥韓論』、第2弾『韓国人による沈韓論』、第3弾『韓国人が暴く黒韓史』、第4弾『韓国人による震韓論』、第5弾『韓国人による嘘韓論』から第16弾『尹錫悦大統領の仮面』、第17弾『韓国人の借金経済』、第18弾『韓国の絶望 日本の希望』(扶桑社新書)など、著書は70万部超のベストセラーとなる。

扶桑社新書 523

自民党と韓国

発行日 2025年1月1日　初版第1刷発行

著　　者………シンシアリー
発 行 者………秋尾弘史
発 行 所………株式会社 扶桑社
〒105-8070
東京都港区海岸1-2-20 汐留ビルディング
電話 03-5843-8842(編集)
03-5843-8143(メールセンター)
www.fusosha.co.jp

DTP制作………株式会社 Sun Fuerza
印刷・製本………中央精版印刷株式会社

Printed in Japan　ISBN 978-4-594-09835-3